减量规划驱动下
京郊旅游型村庄更新策略研究

姚轶峰　那子晔　李玲玉◎著

中国建材工业出版社

北京

图书在版编目（CIP）数据

减量规划驱动下京郊旅游型村庄更新策略研究/姚轶峰，那子晔，李玲玉著．--北京：中国建材工业出版社，2023.12

ISBN 978-7-5160-3637-2

Ⅰ.①减… Ⅱ.①姚… ②那… ③李… Ⅲ.①乡村旅游—旅游规划—研究—北京 Ⅳ.①F592.71

中国国家版本馆CIP数据核字（2023）第007325号

减量规划驱动下京郊旅游型村庄更新策略研究
JIANLIANG GUIHUA QUDONGXIA JINGJIAO LÜYOUXING CUNZHUANG GENGXIN CELUE YANJIU
姚轶峰　那子晔　李玲玉　著

出版发行：中国建材工业出版社
地　　址：北京市海淀区三里河路11号
邮　　编：100831
经　　销：全国各地新华书店
印　　刷：北京雁林吉兆印刷有限公司
开　　本：710mm×1000mm　1/16
印　　张：8
字　　数：120千字
版　　次：2023年12月第1版
印　　次：2023年12月第1次
定　　价：45.00元

本社网址：www.jccbs.com，微信公众号：zgjcgycbs
请选用正版图书，采购、销售盗版图书属违法行为
版权专有，盗版必究。本社法律顾问：北京天驰君泰律师事务所，张杰律师
举报信箱：zhangjie@tiantailaw.com　举报电话：(010)57811389
本书如有印装质量问题，由我社市场营销部负责调换，联系电话：(010)57811387

作者眼中的黄松峪乡

京东石林峡风景区
国家 AAAA 级旅游景区
位于北京市区东北部的平谷区境内
是黄松峪地质公园的核心景区

黄松峪国家矿山公园
位于北京市东北部平谷区
黄松峪乡境内
地处燕山南麓地带
是中国首批 28 家国家矿山公园之一

黄松峪水库
位于北京市平谷区东北部长城脚下

雕窝村
北京市平谷区
黄松峪乡下辖村

前　言

　　党的十九大报告中首次提出乡村振兴战略，指出要坚持农业农村优先发展，并将产业兴旺放在了总要求的首位；《促进乡村旅游发展提质升级行动方案（2018年—2020年）》指出，乡村旅游因市场需求旺盛、富民效果突出、发展潜力巨大，是实施乡村振兴战略的重要途径；《北京市乡村振兴战略规划（2018—2022年）》明确提出，要大力发展乡村旅游，并不断出台相关政策助推乡村旅游发展……如今，发展乡村旅游已成为实施乡村振兴战略的重要抓手和落脚点。

　　然而，近10年来，随着我国乡村旅游产业的快速发展，一些地方旅游设施和景区建设的无序扩张，导致当地生态环境恶化、侵占农业生产空间，同时乡村旅游业态低效低质、村集体村民权益难以保障等一系列问题逐渐凸显。尤其是北京、上海等城市提出减量规划以来，这些城市乡村旅游产业又面临着规划条件和政策的重大调整。2013年12月在北京召开的中央城镇化工作会议明确提高城镇建设用地利用效率的重要目标。2014年，国土资源部公布的《节约集约利用土地规定》则标志着用地减量的开始。北京市在国内首次将用地减量指标明确落实在同步编制的《北京城市总体规划（2016年—2035年）》中，该总体规划提出，坚守建设用地规模底线，严格落实土地用途管制制度。到2020年全市建设用地总规模（包括城乡建设用地、特殊用地、对外交通用地及部分水利设施用地)控制在3720平方千米以内,到2035年控制在3670平方千米左右。促进城乡建设用地减量提质和集约高效利用,到2020年城乡建设用地规模由现状2921平方千米减到2860平方千米左右,到2035年减到2760平方千米左右。随后,北京市与建设用地减量相关的政策与规划文件相继出台,进一步强调了用地减量提质方向,并将减量作为重点内容在各分区规划、各乡镇总体规划、美丽乡村规划以及街区控规等下位规划中进一步贯彻落实。

在乡村规划领域,建设用地减量对北京市乡村旅游产业的发展提出了结构性的转型要求,一方面既要落实减量规划,包括盘活利用存量建设用地、根据实际需要调整用地结构;另一方面又要通过规范化、品质化地发展乡村旅游以壮大集体经济、富裕乡村百姓。显然,对于北京市郊区大量旅游型村庄而言,如何实现乡村建设用地减量与乡村旅游经济发展"双赢"成为重大的现实问题。

在此背景下,本书以具有一定发展基础但肩负大量用地减量任务的北京市平谷区黄松峪乡雕窝村为例,探讨解决上述现实问题的规划策略。黄松峪乡地理位置优越,位于平谷区东北部,正处于北京、天津、唐山三大城市之间,黄松峪乡风景区与平谷区的京东石林峡风景区、金海湖等构成了北京市的市级风景名胜区。雕窝村位于黄松峪乡北部,村内胡关路沿线有着重要的景区及旅游节点,并开办农家乐、民宿、餐馆及销售农副特产,在2003年被评为市级民俗旅游村。《平谷分区规划(国土空间规划)(2017年—2035年)》中明确指出,平谷区的发展目标是京津冀协同发展桥头堡、北京城市副中心后花园、宜居宜业宜游生态谷、农业科技创新示范区,同时,要求各乡镇严格落实用地减量任务,促进城乡建设用地减量提质和集约高效利用。其中,将黄松峪乡定位为山谷旅居示范小城镇,要求充分利用文旅休闲资源,构建全域旅游协同体。规划至 2035 年,黄松峪乡建设用地规模由现状 223.24 公顷(1 公顷 = 10000 平方米,下同)减至 134.88 公顷,实现减量 39.6%。雕窝村位于黄松峪乡城镇开发边界外,是落实乡域建设用地减量的重要村庄之一,用地减量囊括了黄松峪乡已开发建成的旅游景区和村民自发建设起来的旅游服务接待设施。毫无疑问,雕窝村已无法回避用地减量与旅游发展之间的"桎梏",这一矛盾亟待破解。

事实上,在本轮减量规划驱动下,上述矛盾在平谷区、密云区、怀柔区、门头沟区、延庆区等乡村旅游发展基础良好、旅游资源禀赋条件优异、旅游发展意愿强烈的远郊区旅游型村庄较为普遍存在。在建设用地减量这一重大外部条件之下,以往依靠建设用地增量来推动乡村旅游产业发展的逻辑和基础已不复存在,甚至是制约了远郊区乡村旅游可持续的发展以及导致一系列新问题的产生。

因此,本书系统分析减量规划实施背景下旅游型村庄面临的困境,重点探讨以旅游型村庄的更新改造作为手段,实现建设用地减量和保障村庄旅游产业可持续发展的策略,以期为北京市远郊区广大旅游型村庄提供参考路径。

本书主要基于姚轶峰博士牵头组建的北京交通大学黄松峪乡责任规划师团队在 2020 年 6 月—2022 年 12 月期间对于黄松峪乡的实地踏勘、调研、访谈、技术咨询、专题研究、规划研讨等一系列责任规划师服务工作,尤其是得到黄松峪乡人民政府、北京市规划和自然资源委员会平谷区分局、雕窝村村委会和村民百姓的大力支持和配合,本责任规划师团队那子晔博士、卢源博士、邓喜婷、李玲玉、张颖、宋名悦等成员的协助以及北京市责任规划师专班、国家自然科学基金委员会（基金项目名称：公共政策分析视角下历史城镇综合保护评估体系研究；项目编号：51908028）的支持和资助。同时，本书得以出版也离不开王双迎、赵瑾以及中国建材工业出版社在最后阶段的一系列文字、图片编辑和校对等专业工作，在此对上述单位和同仁一并表示感谢。

最后，祝愿在减量规划的驱动之下北京市远郊旅游型乡村真正能够找到一条高质量、可持续的发展振兴之路。

由于水平所限，书中若有不妥之处，恳请广大读者批评指正。

姚轶峰　那子晔　李玲玉
2023 年 11 月 1 日

目 录

导 论 …………………………………………………… 1

第一章 北京郊区旅游型村庄的发展概况与主要问题 ………………………… 4

第一节 北京市乡村旅游发展概况 …………… 4
第二节 雕窝村乡村旅游发展概况 …………… 7
第三节 雕窝村乡村旅游发展主要问题 ……… 12
第四节 北京旅游型村庄发展模式总结 ……… 24

第二章 国内外旅游型村庄更新研究与实践 ………… 26

第一节 国内外研究现状进展 ………………… 26
第二节 北京及周边地区旅游型村庄更新实践 …………………………………… 31
第三节 既有研究和实践的总结 ……………… 38

第三章 减量规划实施与北京旅游型村庄的更新 …… 41

第一节 减量规划的起源、发展与现状 ……… 41
第二节 减量规划实施的三重影响 …………… 51
第三节 更新推动减量规划的实施 …………… 54

第四章　减量规划驱动下京郊旅游型村庄更新
　　　　策略的建构 …………………………………… 57
　　第一节　减量规划实施的情境、对象与
　　　　　　路径分析 ………………………………… 57
　　第二节　四个维度导向下的一体化重塑 ………… 68
　　第三节　旅游业相关利益主体关系的再造 ……… 78

第五章　减量规划驱动下平谷区雕窝村的更新
　　　　策略 …………………………………………… 85
　　第一节　现状建成用地的减量 …………………… 85
　　第二节　建设用地的规划优化 …………………… 93
　　第三节　旅游产业的提质升级 …………………… 96
　　第四节　物质空间的改造新建 …………………… 100
　　第五节　相关主体的利益关系及其平衡 ………… 105

第六章　结论与思考 …………………………………… 109

参考文献 ………………………………………………… 111

导 论

早在 20 世纪 80 年代,随着我国经济改革在农村取得突破性进展,北京市郊区开始了对乡村旅游特色经营活动的窥探,经过 40 多年的发展和探索,乡村旅游已成为村庄集体经济繁荣和农民致富的重要手段。本书的研究对象北京市郊区一处典型的旅游型村庄——平谷区黄松峪乡雕窝村就是在 2000 年以后逐步利用村域旅游资源开发、建设和运营各类旅游景区和大量服务设施实现了村庄社会经济的蓬勃发展。然而,《北京城市总体规划(2016 年—2035 年)》提出了北京减量规划的目标和要求,并要求市域各区的分区规划和乡镇总体规划进一步加以落实,其中位于城镇开发边界以外的乡村地区集体土地也被纳入到了减量规划实施的范畴。这使得依托于集体土地开发建设而发展起来的乡村旅游业受到了较大的冲击和制约,尤其深刻地影响了市郊一批以旅游产业为主导的村庄。因此,在减量规划深入实施的背景下,如何解决减量与乡村旅游业存量用地乃至新增用地需求之间的矛盾成为决定北京市郊区一大批旅游型村庄发展和繁荣的关键。

基于上述矛盾,本书选取平谷区黄松峪乡雕窝村为研究对象,运用案例分析、文献研究、实地调研、问卷访谈等研究方法,剖析这一类村庄在减量规划实施背景下所面临的一系列发展和规划问题,并以存量更新为破解手段，进一步探索兼顾减量规划实施和旅游型村庄持续发展的规划策略。由此，本书主要分为以下五个部分。

（1）第一部分：包含第一、二章，主要内容为研究问题的提出、界定以及相关概念、研究进展和实践案例分析，为本书研究提供基础。

（2）第二部分：包含第三章，主要内容为从旅游产业、建设用地、物质空间以及利益主体关系四个角度剖析北京市郊区旅游型村庄现状、发展逻辑及主要问题，并以雕窝村为实例加以印证。本书研究认为，一方面，长期以来北京市郊区旅游型村庄主要依靠建成用地的大量投入来支撑村庄旅游景区与服务设施的规模扩张，并由此促进旅游业发展、实现旅游经营的收益，然而不少扩张行为涉及违法用地和违法建设。另一方面，由于现阶段旅游行业中独特的利益主体和结构关系，既有的旅游收益几乎无法反哺村集体，从而加剧了非旅游产业相关的村庄公共空间、公共设施、公共服务等公共领域的衰落和缺失。这一状况与旅游产业及其相关业态空间的繁荣兴旺形成了强烈的反差，在根本上制约了旅游型村庄整体社会经济的可持续发展。

（3）第三部分：包含第四章，主要内容为在理论层面，具体解析减量规划在基层的实施对旅游型村庄带来的正面与负面影响，提出以更新作为手段，通过不同更新策略的分析和建构，在推动减量规划实施的同时进一步解决村庄各类既有问题。本书研究认为，针对旅游型村庄，减量规划对乡村基层来说是一种规范和促进乡村及其旅游产业高质量发展的机制和机遇，村庄更新应成为减量规划实施的形式，确保旅游产业能够持续发展和繁荣则是落实减量规划的关键动力。

(4)第四部分：包含第五章，主要内容为以雕窝村为实例，将上述相关理论构想落位于旅游型村庄的现实之中，从而验证和完善上述策略构想，并结合实际，进一步提炼出推动旅游型村庄减量规划实施的更新策略。

(5)第五部分：包含第六章，主要内容为对本书研究工作的总结与感悟。通过前五个章节的探讨，从理论与现实层面明晰了减量规划在北京市郊区旅游型村庄未来发展和繁荣过程中所扮演的角色和发挥的关键作用，认为应以更新作为实施减量规划的重要手段，并结合村庄实际提出与之相应的一系列策略。

第一章　北京郊区旅游型村庄的发展概况与主要问题

第一节　北京市乡村旅游发展概况

北京市乡村旅游兴起于 20 世纪 80 年代末,北京市昌平区农村通过观光采摘的形式为游客提供农家体验,逐渐吸引了较多城区居民到乡村消费,北京市政府随之出台了一些鼓励发展乡村旅游服务的政策,推动了乡村旅游在全市域的推广和普及,并逐渐成为市郊一大批村庄的主要发展产业(图 1-1)。随着乡村旅游业的繁荣,依托乡村景区、民俗旅游、休闲度假、农业观光园以及乡村节事,全市形成了乡村旅游发展的类型体系(表 1-1)。同时,北京市制定了《乡村民俗旅游村等级划分与评定》(DB11/T 350—2014),截至 2021 年,全市累计有 274 个村庄被评为星级民俗旅游村。

经过近 40 多年的快速发展,北京市乡村旅游已形成了一定的发展规模和特色,并取得了良好的经济效益,为市郊农村地区的振兴作出了贡献。然而,近 5 年来,全市乡村旅游发展规模逐步萎缩、发展态势明显下行。根据北京市统计局统计的北京市乡村接待人数数据与乡村旅游总收入数据(图 1-2),全市乡村旅游接待人数在 2005—2016 年逐年攀升,总体规模增长了 2.5 倍,达到约2200万人次/年。全市乡村旅游总收入在2005—2016年期间也逐年增加，在2016—2019年期间保持在14亿元上下浮动，总体收入增加了3.5倍。虽然2016年以后全市乡村旅游发展趋势有所减缓，但旅游业已成为郊区旅游型村庄发展的重要推动力，并为远郊区的村庄及其所在乡镇，甚至是外省市旅游从业人员提供了大量的就业岗位，尤其当地村民以"民俗旅游接待户"[①]开办农家乐和乡村民宿的方式参与到村庄旅游发展过程之中，提升了农户个体的经济收入（图1-3）。

图1-1 北京市主要旅游型村庄分布图

（源自：笔者绘制）

---

① "民俗旅游接待户"是指以乡村自然、人文旅游资源为依托，以农家民俗生活方式为特色，以当地人经营为主体，为游客提供餐饮、住宿、观光、休闲、娱乐等服务的乡村旅游独立经营户。

表 1-1 北京市旅游型村庄发展类型

类型	特点	典型代表
景区依托型	以旅游景点为依托,附近村庄依靠景区带来的游客流量发展住宿、餐饮等旅游接待服务,并融入当地民俗文化,进而带动村民增收和壮大村庄旅游经济	怀柔区卢庄村、密云区花园村、平谷区雕窝村
古村聚落型	以古村聚落文化和建筑为基础,结合历史文化,吸引游客前来体验,以保护为主进行旅游开发	门头沟区灵水村、昌平区长峪城村、密云区遥桥峪村
民族文化型	将乡村的少数民族风情和文化与旅游发展相结合,引导少数民族村民参与旅游开发经营	怀柔区七道梁村、大兴区巴园子村、密云区河西村
创意产业型	以良好的生态环境和创意产业为基础,开发具有鲜明创意产业特征的艺术家社区等旅游产品	通州区宋庄镇、昌平区下苑村
生态示范型	以优质生态环境为基础,重点开发休闲度假旅游产品,形成生态保护与旅游发展相互促进局面	密云区石塘路村、昌平区香堂村、延庆区秀水湾村
国际风情型	以国外的独特民俗文化为基础,将异域风情与旅游结合,满足游客的新奇体验,并能与其他旅游型村庄形成错位竞争的良好局面	怀柔区慕田峪村、海淀区管家岭村
品牌餐饮型	以乡村特色美食文化为基础,投入成本较小且易于旅游经营	延庆区柳沟村、怀柔区杨树下村
新农村建设型	对旅游资源丰富但基础设施薄弱、从业人员素质低的村庄加以政策扶持,依托国家和地方对农村产业、扶贫开发等方面的帮扶政策,将新农村建设与旅游开发相结合	昌平区郑各庄村、平谷区玻璃台村、平谷区将军关村

源自:笔者根据参考文献[1]整理。

第一章 北京郊区旅游型村庄的发展概况与主要问题

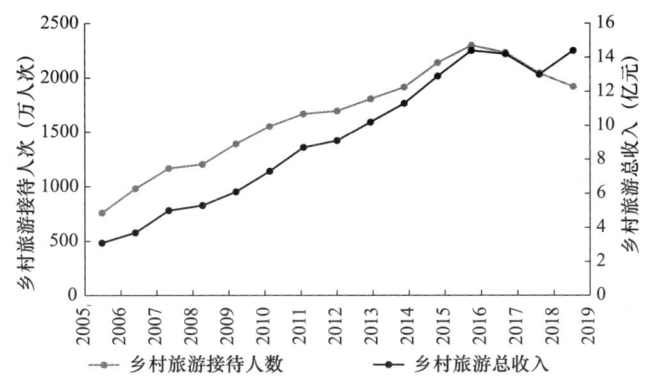

图 1-2 北京市乡村旅游接待人数与乡村旅游总收入变化情况
（源自：笔者根据北京市统计局发布相关数据绘制）

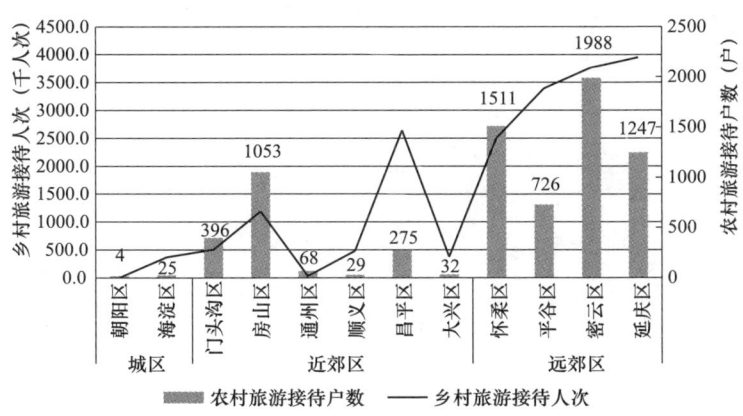

图 1-3 北京各区 2019 年乡村旅游接待户数与接待人数情况
（源自：笔者根据北京市统计局数据整理绘制）

第二节 雕窝村乡村旅游发展概况

一、雕窝村发展资源现状

在远郊旅游型村庄中，平谷区黄松峪乡雕窝村代表了大多数旅游型村庄的现状。雕窝村位于平谷区山谷旅居示

7

范小城镇——黄松峪乡，距离乡人民政府 5.5 千米，距平谷城区 25 千米（图 1-4），是胡关路沿线重要的景区依托及旅游节点。黄松峪乡是平谷区山谷旅居的示范小城镇，而雕窝村是黄松峪乡的旅游核心。因此，雕窝村旅游战略地位显著。

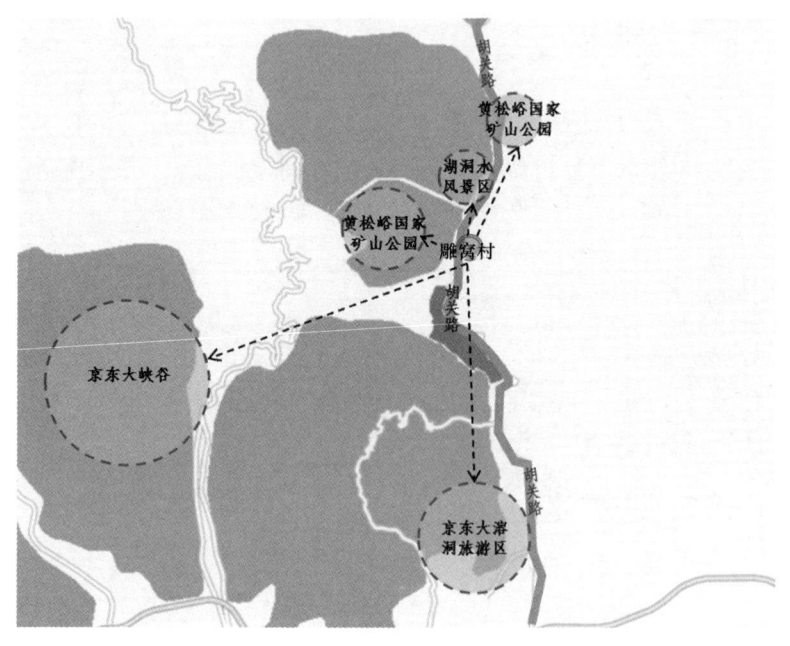

图 1-4　雕窝村与周边旅游资源区位关系图
（源自：笔者根据百度地图信息绘制）

雕窝村有丰富的自然资源，三面环山、一面傍水，山体植被覆盖率高，黄松峪乡水库水体清澈，紧邻石林峡景区（AAAA 级）和湖洞水景区（AA 级）两大旅游景区，具备得天独厚的旅游发展条件（图 1-5），因此雕窝村也是最早响应平谷区旅游富民要求的旅游型村庄之一，逐渐发展成为黄松峪乡重要的旅游区域之一，并在 2003 年被评为市级民俗旅游村。此外，由于独特的自然资源和特色景观，雕窝村吸引了一些文艺工作者来此定居创作，开设了画院和艺术培训机构，吸引了不少绘画爱好者、学生来此观摩学习和体验，为村庄增添了文化艺术氛围。

图 1-5　雕窝村自然资源风貌

（源自：笔者拍摄）

二、雕窝村旅游产业现状

从旅游业态来看，雕窝村整体是由景区景点游乐和旅游接待服务两部分组成，代表着乡村旅游经济运转的两种典型逻辑。第一种逻辑是从游乐角度出发，目前雕窝村周边共有3处景区，包括京东石林峡景区、京东大溶洞景区和湖洞水景区，村内酒店、饭店、购物设施、停车场等旅游相关设施共有64个（表1-2，图1-6）。这些景区景点用地由黄松峪乡黑豆峪村村集体成立的民营股份制经济主体长期承租并进行开发建设，每年返回雕窝村集体少量费用作为补偿，并每年向雕窝村的每户村民发放米、

表 1-2 雕窝村旅游相关设施统计情况

设施类型	分布	规模	数量
旅游接待设施（包括停车场、酒店、饭店等）	主要沿胡关路分布	主要是小型农家乐	49家
旅游购物设施	沿道路设置	小型沿街超市	4家
娱乐设施	胡关路西侧及水库北侧	有混合商业、美术馆、画家院	7家
医疗救护设施	村庄中心	只有一个小卫生站	1个
公共停车场	石林峡景区、村庄北侧	从南到北依次是景区停车场、大型区域停车场、小型停车场	3个

源自：笔者根据调研信息绘制。

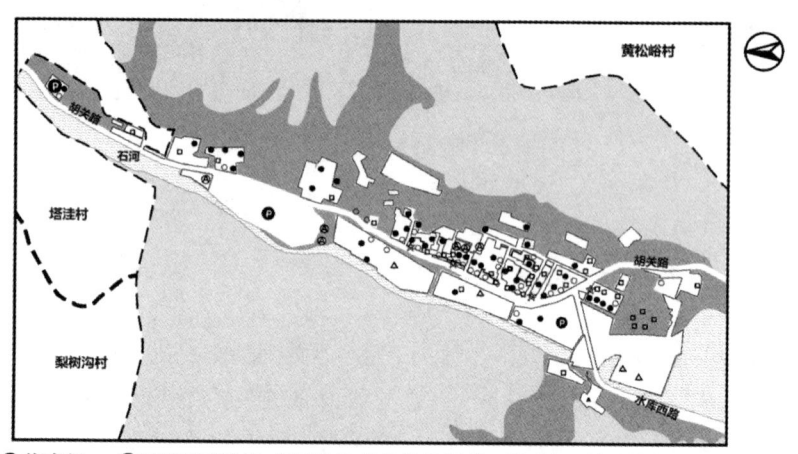

Ⓟ 停车场　○ 旅游接待设施（餐饮）● 旅游接待设施（住宿）□ 旅游接待混合设施
☆ 旅游购物设施（超市）◉ 公共服务设施　△ 娱乐休闲设施

图 1-6　雕窝村旅游设施分布情况
（源自：笔者绘制）

面、油等。第二种逻辑是从服务角度出发，私人个体承担了绝大多数餐饮、住宿、零售业态，例如农家乐、民

第一章 北京郊区旅游型村庄的发展概况与主要问题

宿、餐馆、超市以及土特产售卖，不仅创造了大量非农就业岗位，吸引了本村村民以及村外的旅游经营和从业人员就业，而且是当地百姓最主要的收入来源（图1-7）。根据调研，2020年雕窝村常住人口近300人，超过了本村户籍人口的2倍，其中绝大多数是与旅游相关的从业人员，包括外来经营散户、外来雇佣劳动力和外来常住户等（图1-8）。

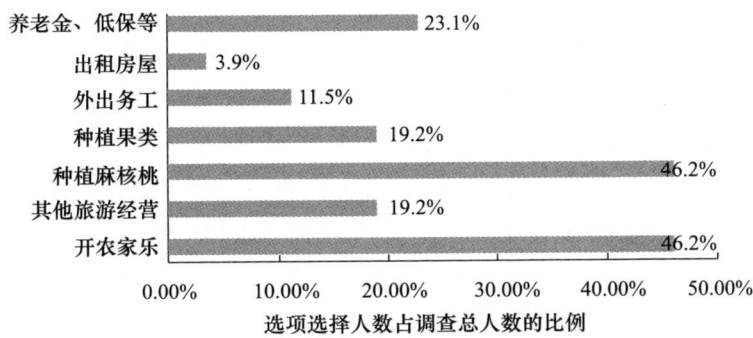

图1-7 雕窝村村民收入来源形式

（源自：笔者根据雕窝村问卷数据绘制）

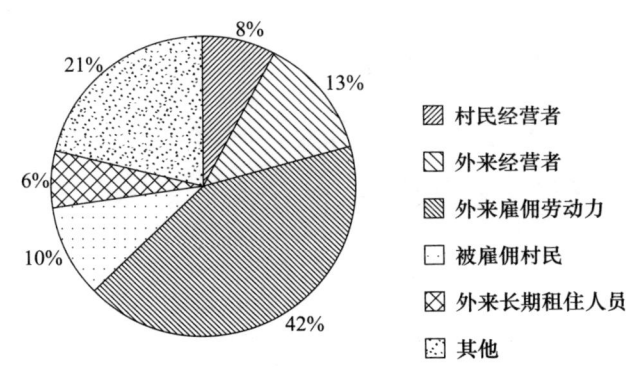

图1-8 雕窝村常住人口结构情况

（源自：笔者根据雕窝村调研数据绘制）

11

从接待服务业态的方式来看，在 2020 年时，雕窝村不同个体参与旅游接待服务业态的方式各不相同。对于村民来说，参与方式包括：①开农家乐获取旅游接待收入，雕窝村目前约有 46% 的村民家庭自主经营农家乐；②向游客售卖自己耕种的农副产品；③作为劳务人员，接受雇佣，在旅游接待服务场所提供劳务，比如石林峡景区的服务人员、其他农家乐服务人员；④将自己房屋租赁给他人，从事旅游接待服务。对于外来旅游接待经营者来说，这一群体占比达到现有经营户的 60%，超过本村村民的经营户数，并且大多数经营者在雕窝村从事旅游经营超过 10 年，主要通过"购买"[①] 村民土地自建房屋、"购买"村民房屋、租赁村民房屋三种方式实现。对于外来务工人员来说，这一群体占村庄常住人口比例达到 42%，是雕窝村就业人群中数量最多的人群，主要来自平谷区的各个村庄和邻近外省市。

第三节　雕窝村乡村旅游发展主要问题

一、旅游发展水平不高

在 2010 年前后，即市郊乡村旅游产业快速发展之后，市郊乡村旅游产业发展形成了较大的规模、丰富的类型

---

① 根据《中华人民共和国土地管理法》的规定，任何单位和个人不得侵占、买卖或者以其他形式非法转让土地，土地使用权可以依法转让。《国务院办公厅关于严格执行有关农村集体建设用地法律和政策的通知》规定，农村住宅用地只能分配给本村村民，城镇居民不得到农村购买宅基地、农民住宅或"小产权房"。此处"购买"加以引号表明现行法律法规和政策是不允许城镇居民到农村购买宅基地和农民住宅，购买村民土地自建房属于违规违法买卖宅基地。

以及一定的特色，但由于大部分旅游业态、设施的管理运营专业化水平和配套完善程度较低，制约了乡村旅游收益水平的增长。这一现象尤其是在远郊区的一些旅游型村庄更为显著。以雕窝村为例，在景区景点内，2020年旅游旺季游客人均消费约为150元/天，总体上与京郊其他发展较好的旅游型村庄的景区景点人均消费约160元/天的消费水平相当；除景区景点以外，餐饮、住宿和农副产品销售三项业态规模占比将近80%（图1-9），其中最主要的"农家乐"呈现出小、散、乱的特征。

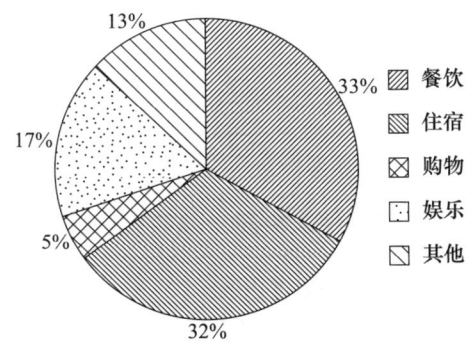

图1-9 2020年雕窝村旅游经营业态规模占比
（源自：笔者根据雕窝村调查数据绘制）

在2020年旅游旺季的人均消费水平仅为120～150元/天，与京郊其他发展较好的旅游型村庄人均250元/天以上的消费水平存在着显著的差距（表1-3）。除了在消费上低于其他景区，雕窝村与密云区北庄镇干峪沟村相比，在设施配备上也存在明显差异（表1-4）。这种强烈的反差也突出地反映在对游客的实地访问结果中，约超过一半的游客认为雕窝村旅游服务业态与设施配套处于较为低端的水平，亟须提升。

表1-3 雕窝村与其他旅游型乡村消费水平对比

位置	依托景点	景区内部人均消费水平（元/人）	农家乐人均消费水平（元/人）
黄松峪乡雕窝村	石林峡、湖洞水	石林峡150，湖洞水20	150
雁栖镇长寿元村	神堂峪	61	268
渤海镇庄户村	慕田峪长城	167	500
怀北镇大水峪	青龙峡	160	566
不老屯镇史庄子村	云峰山风景区	65	273
古北水镇司马台新村	古北水镇＋司马台长城	449	168

源自：笔者根据雕窝村问卷调查数据以及大众点评数据整理绘制。

表1-4 雕窝村与其他发展较好旅游型村庄设施配备对比

	山里寒舍乡村度假区（密云区北庄镇干峪沟村）	雕窝村（平谷区黄松峪乡）
现状定位	文化性、乡土性与品质感兼顾，高端度假品牌	成型较早的农家乐为主，较为低端化
规模	由古村落改造成的乡村酒店群，并有四种不同院落类型，竞争力较强	有一定规模，但游览消费与服务消费分离，缺乏竞争力
住宿条件	五星级的装修标准，外旧内新、外质朴内奢华	普通民宅，条件较差，无特色
周边景点	长城	石林峡（AAAA级）、湖洞水（AA级）
配套设施	1公顷公共配套功能设施	设施不足（路灯、休憩、游乐等）

第一章 北京郊区旅游型村庄的发展概况与主要问题

续表

	山里寒舍乡村度假区 （密云区北庄镇干峪沟村）	雕窝村 （平谷区黄松峪乡）
建设方式	村集体对农宅回收或租赁，与外来企业合作，打造整体度假村	村民自家住宅用于民宿、餐饮，品质低
经营方式	村民房产、土地入股，开发公司经营或返聘村民为度假村员工	各家独立经营，管理混乱
效益	村民收入提高，度假区带动地区发展	生意一般，消费低

源自：笔者根据调研信息和网络信息绘制。

二、土地利用粗放与低效

北京市农村集体建设用地在1993—2013年之间持续增长（图1-10），农村常住人口规模在2003年达到顶峰之后逐渐回落，但是建设用地总规模和人均建设用地规模不降反增。尤其是在郊区乡村，呈现"自有、自用、自建"的放任状态[2]，造成全市农村建设用地呈快速增长、粗放蔓延的趋势[3]。其中，一些具有良好旅游资源的村庄或村民自发建造大量房屋发展旅游，确实在客观上促进了这一时期乡村旅游的发展和乡村经济的振兴，但由于缺乏专业指引、科学管理和对旅游市场发展趋势的精准掌握，旅游产业的发展并不兴旺，从而导致建设用地的实际利用状况极不经济[4]，出现了不少建设用地低效、低质利用的情况。

以雕窝村为例，土地利用粗放与低效具体表现为旅游接待户个体和村庄整体两个层面。首先，在接待户个体层面，2008年全村有53家旅游接待户，但由于十多年间旅游产品缺乏创新、旅游服务水平较低等多种因素，

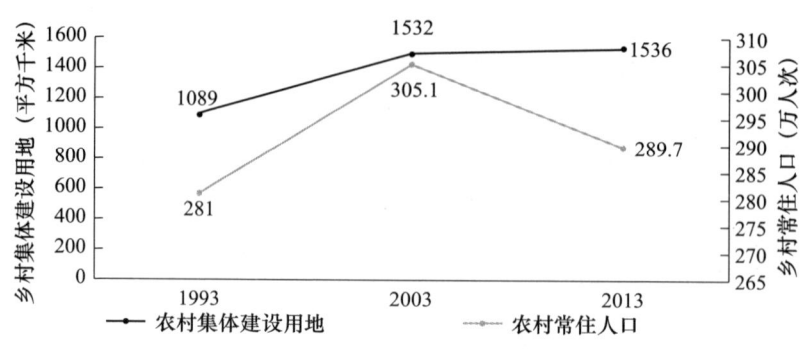

图 1-10　北京市农村集体建设用地与村庄人口对比
（数据来源：根据参考文献[5]和统计局人口数据绘制）

至 2020 年在旅游旺季从事营业的接待户仅有 45 家，萎缩超过 15%，且有半数左右的接待户在工作日经营状况较差，而未实际经营的房屋和用地实际上却并未真正退出，仍然处于闲置、空置状态。其次，在村庄整体层面，现状建设用地整体布局散乱、缺乏合理规划，村内的旅游景区、服务设施以及村民农家乐沿胡关路一字排开，并与村民居住生活高度混合（图 1-11），一些服务设施占地面积虽大但使用低效，例如由于距离旅游景区和农家乐分布区域距离较远，村庄北侧的大型停车场（图 1-12）即使在旅游旺季的平均利用率低于 10%。然而，停车场的占地面积约 2.3 公顷，相当于 2020 年雕窝村建设用地总量的 11.60%。

三、物质环境建设质量较低

由于村民自发建设的占比较大，旅游型村庄内部建筑设施与建成环境的质量普遍一般，一些建筑设施的质量甚至无法保障使用安全。以雕窝村为例，三、四类质量的建筑物占比超过 70%（图 1-13、图 1-14），其中大多是集中

第一章　北京郊区旅游型村庄的发展概况与主要问题

图 1-11　雕窝村用地布局情况
（源自：笔者绘制）

(a) 旅游旺季停车情况

(b) 旅游淡季停车情况

图 1-12　雕窝村北侧停车场利用情况
（源自：笔者拍摄）

在村庄内部的本村村民住房，而超过50%农家乐建筑物的二层采用的是临时性的彩钢瓦棚或木板房（图1-15），安全隐患十分突出。

在公共领域，旅游型村庄的各类设施的建设质量与运营服务水平现状也不容乐观，并不能满足村民生产和

17

图 1-13 雕窝村建筑质量位置分布
（源自：笔者绘制）

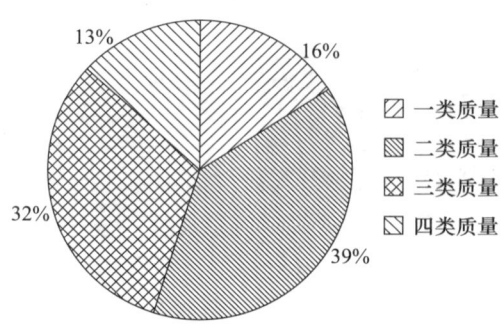

图 1-14 雕窝村建筑质量分类占比
（源自：笔者绘制）

生活的发展需求，尤其是面临老龄化趋势，旅游型村庄普遍缺少养老助老服务设施。例如，在雕窝村，虽然配置了最基本的公服设施，但设施部分较为陈旧、简易，安全性能低（图 1-16），而村庄内部道路坑洼、绿化环境稀缺、公共空间缺乏趣味（图 1-17），总体上并不符合旅游型村庄功能要求。

第一章　北京郊区旅游型村庄的发展概况与主要问题

(a) 雕窝村典型农家乐

(b) 雕窝村度假酒店

图 1-15　雕窝村二层彩钢瓦棚及木屋照片
（源自：笔者拍摄）

(a) 户外活动健身设施

(b) 雕窝村社区卫生室

(c) 幸福晚年驿站

(d) 雕窝村陈列室

图 1-16　雕窝村公共服务设施现状
（源自：笔者拍摄）

19

(a) 村民住宅间的公共空间　　(b) 基础设施　　(c) 村内道路

图 1-17　雕窝村现状公共空间情况

（源自：笔者拍摄）

四、违法违规用地与建设普遍

由于粗犷发展、缺少规划和相关审批，发展较早的市郊旅游型村庄占用农用地、林地等非建设用地来发展景区景点和住宿、餐饮、停车等旅游服务设施，由此产生了大量的违法违规用地与建设。以雕窝村为例，截至2020年在现有所有农家乐中，有60%经营者是外地人，且超出一半的农家乐无所在用地的土地使用权，仅有45%属于合法用地，而整个村庄现状有约62%的已建成用地缺乏建设用地使用权证（图1-18），违法用地上的建筑占村庄总建筑面积比例约65%。这一情况也符合北京市每年城镇建设用地供地规模统计数据的结论，北京市在2016年减量规划要求出台之前，每年的城镇规定合法建设用地面积约35平方千米，而违法建设用地规模约90平方千米[5]。

此外，由于靠近景区景点，村民在自家合法合规的宅基地上大规模违规扩建、加建、改建房屋用以开办农家乐的现象也十分普遍（图1-19）。据调研统计，雕窝村内完全合法合规的农家乐建筑物占总建筑面积的比例仅为24%，其余建筑均不同程度地涉及违法违规行为。

第一章　北京郊区旅游型村庄的发展概况与主要问题

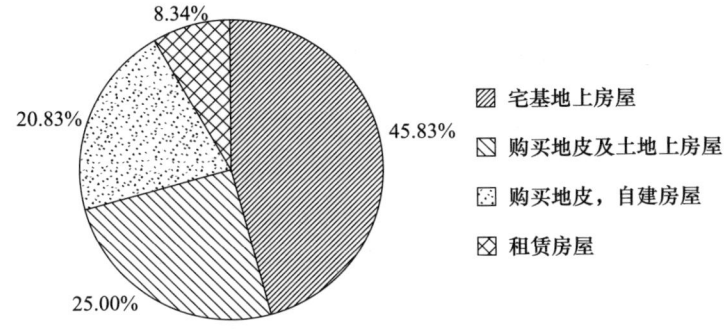

图 1-18　雕窝村农家乐经营者房屋的所属情况
（源自：笔者根据雕窝村调研数据绘制）

(a) 违法用地上违法建设　　　(b) 合法宅基地上违法扩建

图 1-19　雕窝村部分违法建设情况
（源自：笔者拍摄）

从利益主体角度看，违法违规行为主要体现为以下三种情况：农用地或宅基地被当地村民卖或租给外来者，外来者又在土地上进行违法建设以发展旅游或居住；村民在农用地上进行违法建设或在宅基地上违法扩建来发展旅游或居住；村庄其他建设用地被村集体租给外来者，外来者实施违法违规建设以发展旅游（图 1-20）。

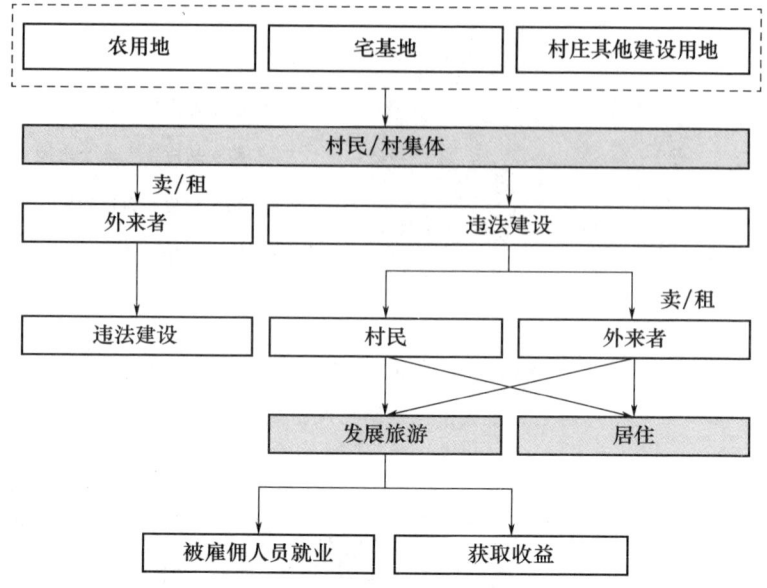

图 1-20　村庄涉及违法行为的利益关系情况

（源自：笔者绘制）

五、乡村旅游反哺机制不健全

以往市郊旅游型村庄旅游经济的发展主要依靠各类民营经济主体推动，村庄的旅游收益为景区景点积累了发展资金、提供了大量就业岗位、提升了包括村民在内的家庭收入。然而，目前在整个乡村旅游经济循环中（图 1-21），村集体和村庄公共领域却并未获得相等价值的经济回馈，相反却为乡村旅游提供了大量土地、空间、自然和人文资源，造成了"旅游强、村庄弱"的二元对立现象，尤其是集体经济基础薄弱导致村庄公共服务、公共空间、公共设施缺少充裕的资金投入，极其不利于旅游型村庄的整体发展。造成这一现象的根本原因是在现实中，乡村旅游反哺旅游型村庄发展的机制并未

第一章 北京郊区旅游型村庄的发展概况与主要问题

建立起来。

以雕窝村为例,根据调研获取的财务支出报告显示,在2020年上半年期间,村集体总资金收入为312991元,其中,专项资金收入为255505元,主要来自上级政府拨款补助,占比81%,其他业务收入57486元。资金支出总计为687762.83元,主要覆盖了管理费用、福利费用、转移支付费用等,在环境整治、管道疏通、改吊炕等其他支出为118244元,仅占支出总资金的17.19%。在村庄公共领域缺少充裕的资金投入,不利于雕窝村整体发展。

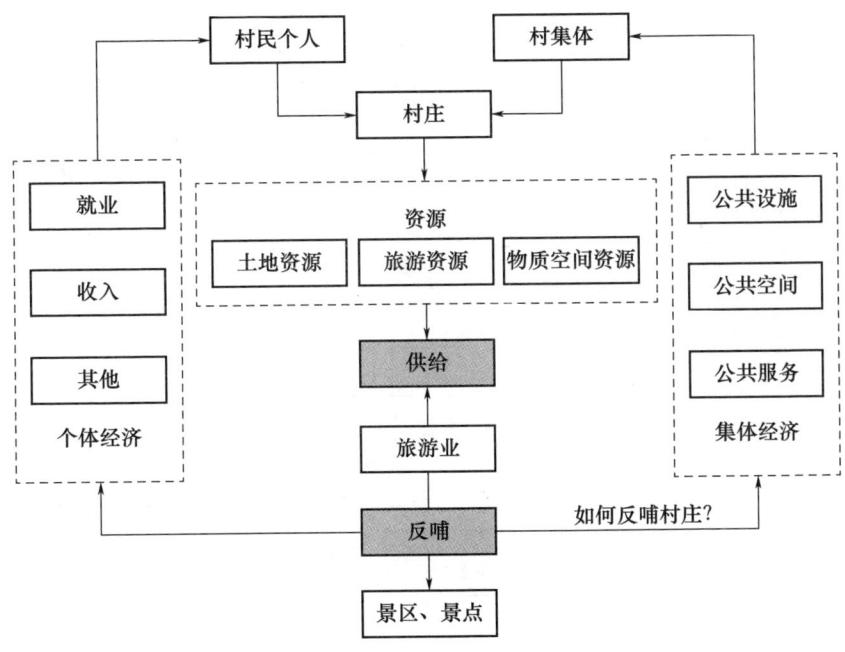

图1-21 旅游型村庄经济循环情况
(源自:笔者绘制)

23

第四节 北京旅游型村庄发展模式总结

旅游产业、建设用地、物质空间和利益主体等社会、经济和资源要素共同构成了现状旅游型村庄运转的结构（图1-22），其核心逻辑是利益主体基于扩张性的土地资源使用从而实现旅游产业的发展。在这一结构的运转之下，虽然解决了当地村民和部分社会人员的生计和生活，但同时也产生了较多的违法违规用地和建筑，并且目前的旅游发展陷入了低质量、低效益的困境。

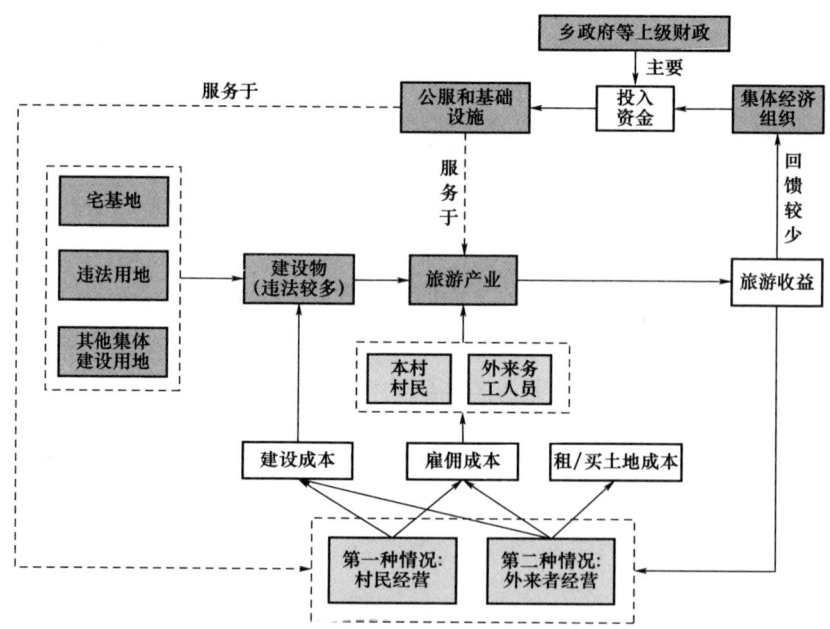

图1-22 旅游型村庄运转结构
（源自：笔者绘制）

此外，由于以个体经济为主，村民的收入不均衡，村集体的旅游收益少，公共积累少，使得村庄物质空间难以改善。这种可持续不强的村庄运转结构在减量规划进一步实施的情况下，已经难以为继、亟待改变。

第二章 国内外旅游型村庄更新研究与实践

第一节 国内外研究现状进展

一、国外相关研究

国外乡村旅游的发展由来已久,可以追溯到19世纪的欧美国家,但真正形成大规模蓬勃发展是20世纪后半叶。国外乡村旅游的开展方式也主要是通过提供类似于民宿、农家乐等形式的乡下旅舍,为旅游者在游玩途中提供栖息的地方,享受在大自然中休闲度假的感觉[6-7]。

国外关于旅游型乡村的改造研究主要侧重于对旅游产品的塑造、乡村文化的挖掘、政策机制的探索等方面。关于物质空间的改造,主要侧重于住宿的建筑,比如乡村旅社或农户民宿需要与地方特色相融合[8-9]。

国外学者指出乡村旅游的品质直接影响游客的重游率[10],在发展旅游产品上,要根据乡村资源特征,突出旅游资源品牌,避免同质化现象[11]。乡村旅游的发展更侧重于打造创意的旅游产品或业态,比如,美国对农产品的塑造和农民艺术画相结合[12]。法国持续创新乡村旅游业态,涵盖了一系列多样化运动,比如皮划艇、降落伞、热气球等水上或高空运动,并且注重对产业融合的探索，比如将植物的种植过程作为艺术展览置于博物馆中，增加游览的趣味和价值[13]。日本注重对旅游产品的附加值塑造，比如对农产品加工来提升村庄的经济效益[14]。

此外，在乡村旅游的改造中，较多学者认可公众参与的重要性[15]，并提出利益主体的需求是村庄旅游规划能否落位的重点[16]。部分学者提出乡村社区合作打造旅游品牌效益会更佳[17]。还有一些地方推行三方合作模式，比如"政府＋协会＋村民"的模式，相关旅游协会作为第三方，协助政府引导政策实施，并为村民提供营销服务、援助等引导性工作[18]。

二、国内相关研究

我国的乡村旅游相对于国外起步较晚，但是发展速度较快。村庄依据乡村特色资源开发了乡村酒店、文化民宿、休闲乡村和农业庄园等旅游业态[19]，使村庄具备了观览、休闲度假、风味品尝、务农体验、生态体验和科普教育等功能[20]，并且根据开发区位的不同，形成了都市依托型、景区依托型和特色小镇依托型[19]等旅游型村庄，促进了当地村民的增收致富。

学者们也依据各村庄的不同而针对性地作出相应的更新改造策略，并从宏观和微观的不同层次视角展开研究。

在宏观方面，学者们主要从规划视角进行整体性剖析，对于村庄规划整体的构建研究主要从组织角度进行研究，集中于更新改造的前提条件与原则、空间布局、村庄元素与产业互动模式、市场宣传等多方位进行[21-23]，并对产业类型（主要是高端民宿及相关旅游休闲产业）

和建设时序进行策划[24]。郭秋萌（2018）以北京浅山区乡村旅游规划策略为重点，在乡村统筹发展方面提出市域规划协调、城乡资源互动、区域联动的发展策略；在乡村旅游规划方面提出建设保障、产业创新与转型、加强运营与管理的策略；在空间设计方面提出延续和保护建筑与空间肌理、优化乡村空间、营造优质乡村景观的策略[25]。

在宏观思路的指导下，学者们从微观层面也提出了细化的策略，主要侧重点集中于物质空间、产业以及开发经营模式等方面，具体为以下三方面。

1. 物质空间更新改造

旅游型村庄的物质空间改造主要集中在建筑、设施、空间以及景观小品等方面。在建筑方面，学者们对民宿、民居建筑的改造研究较多。黄小蕾（2019）从发展民宿旅游角度对山东传统民居进行改造，提出提升形象、融入传统特色、巩固基础设施、重构功能空间和升级产品体验五条改造策略[26]。张幸怡（2019）提出了乡村旅游建筑可以从风格和形象化的视觉刺激、新与旧交融、功能复合设置以及将建筑融入景色等策略进行改造[27]。孙铁映（2019）针对东北民宿的改造，提出建筑室内空间延伸、置入新型空间的建筑空间改造策略，并且强调建筑立面、材料、色彩和乡土氛围对于建筑形式改造的重要性[28]。关范严（2020）从保护角度、新旧共生、保留记忆、新设计文化介入、新材料新技术应用等五个方面，提出传统民居建筑改造设计的策略[29]。

在公共服务设施方面，主要包括教育、医疗卫生、交通等公共服务设施的更新改造，比如改造医疗设施来提高对游客的应急保障能力，需要考虑医疗设施的服务半径、补齐缺失的医疗项目以及对医疗人员的专业能力进行加强[30]。李佳伟、李政（2021）提出要改善交通条件提高旅游可达性[31]。除了要完善道路布局系统，对于道路本身质量的关注也较为重要，一方面可以对道路进行硬化处理，另一方面对道路两侧的生态绿化建设也是更新改造过程中要考虑的重点，可以通过种植生态植物、改造沿路封闭式围墙以及节点处加以景观点缀等策略进行改造[32]。此外，停车场改造成生态型停车场对于旅游型村庄也是一举多得的策略[33]。

在空间和景观方面，尚芳（2012）以北京延庆区双营村为例，基于保护与开发的理念，提出村落入口和边界的公共空间要增加功能的复合性和吸引力，比如应用展板墙和增加接待、销售、游憩等功能[34]。吴捷（2019）从一些建筑遗产保护理论的原则和方法出发，结合村庄的空间演变规律进行实证研究，提出院落空间重构、平面功能重组和乡土风貌重塑的更新设计策略[35]。赵祯（2019）则以乡村旅游中的景观改造为重点，提出了景观空间整合、文化吸收、产业融合带动以及项目驱动等改造策略[36]。

2. 旅游产业发展策略

在更新改造过程中，往往涉及旅游产业发展策略，尤其是对于一些产业较为低端的村庄，升级改造旅游业态和产品可以提高土地效益，焕发乡村旅游经济活力。金川（2019）提出要丰富产品结构，增强休闲度假的功能，并引导旅游业态与景区布局联动，形成集聚发展的模式[37]。沈晨仕（2015）围绕杭州都市圈乡村，提出要改造提升旅游特色产品，打造观光、会展、商务、度假等综合性度假区，并发展高尔夫球、康体健身、山地运动、探险等高端休闲产品[38]。刘松鹃（2018）从苏南农村休闲旅游乡村建设中所面临的问题出发，针对产业单向发展、区域联动不足的问题，提出拓宽农业功能、融入创意农业以及根据当地特色资源打造文化标识的策略[39]。王国华（2013）指出京郊乡村旅游存在地域文化特色缺乏、产业链与价值链较短、知名度低等问题，提出以重新规划特色旅游产品、创新经营方式以及重振人文精神作为产业转型路径[40]。此外，在旅游业态转型升级的过程中还应加强人才的培训，引导专业人才参与到当地的旅游产业规划，增强旅游开发的专业性[41-42]。

3. 涉及改造的其他方面

利益主体也是村庄更新改造内容中的一个重点。旅游型村庄按照经营主体可以划分为农户自主经营、政府主导、企业经营、村集体所有制经营模式[20]，因此利益主体也多由这几类人群构成。向富华（2018）提出了四种利益主体合作模式[43]：①村民与市民合作；②村民、市民与公司三类主体合作；③村民与公司合作；④村民个体自主经营。屈学书、矫丽会（2020）针对我国乡村旅游存在发展不均衡、结构性矛盾明显的问题，提出市场导向与创新驱动、集群发展与政府支持的发展策略[44]。旷颉、张学勇（2021）以美丽乡村规划下的门头沟区小龙门村为例，分析其面临人口结构失衡、土地指标受限以及产业发展困难等问题，并结合村庄优势，提出村集体和帮扶企业结合的发展路径[45]。另外，政府可以积极发挥引导者角色作用，比如建立一体化乡村服务平台[46]，建立乡村旅游政府公共管理机制[47]，包括政策引导、沟通协调、综合保障、沟通咨询等内容。

此外，同国外学者一样，国内学者也强调公众参与机制对于旅游型村庄改造的重要性，改造过程中在方案征集、编制成果展示和项目建设等方面让村民充分参与到改造成果中来，尊重村民需求的同时，也让改造变得更具可实施性[48-49]。

第二节 北京及周边地区旅游型村庄更新实践

目前，在减量规划背景下，北京市内旅游型村庄完成更新改造的案例较少，大多停留在规划和方案阶段，可供进一步分析探讨的案例较为稀缺。因此，本书选取了北京及周边地区具有一定代表性且在更新过程中涉及不同程度建设用地腾退或节约利用的旅游型村庄的更新实践作为案例研究对象，为雕窝村的研究提供借鉴和参照。

一、实践案例1：黄山店村

黄山店村位于北京市房山区周口店镇，紧邻美丽的坡峰岭景区。村域内有3个自然村，人口数量超过1000人，属于大型村。黄山店村以预防自然灾害为契机，开展了整村异地搬迁、旧村更新改造、乡村旅游开发等一系列工作，使得村民的居住和生活条件得到了极大的改善和提升，并且在发展乡村旅游的同时承接举办高档会议等经营项目，又壮大了村集体经济、解决了村民就业和收入的问题。

具体来看，黄山店村以乡村旅游发展为导向的更新改造主要包含了三个方面的关键措施。第一，更新改造并开发利用腾退之后的旧村及村民宅基地。黄山店村成立集体股份制经济合作社，将96%的原农宅院落全数有偿收回并将村民搬迁，同时与专业公司合作，在保留村落原有肌理的前提下，更新为特定主题的中高端民宿，例如黄栌花开、桃叶谷等，尤其是利用一些具有山地景观特色的宅基地改造为高端民宿与餐馆。第二，对村民优先进行安置与就业。黄山店村在重新选址建设住宅楼和养老公寓的基础上，建设村活动中心，满足村民的居住和公共生活需求。同时，村集体通过发展旅游民宿接待，为村民提供了200多个就业岗位，每个村民通过就业可获得2000~4000元/月的收入。第三，乡村旅游合作开发和收益分配。黄山店村集体与远方网企业成立合作平台，实行"乡村建设、企业运营、利益共享"的发展模式，旅游收益按照五五分成，确保村集体每年至少获得50天民宿的经营收益，参与搬迁的村民每人可获得一份产业股份和部分旅游收益分红（图2-1）。

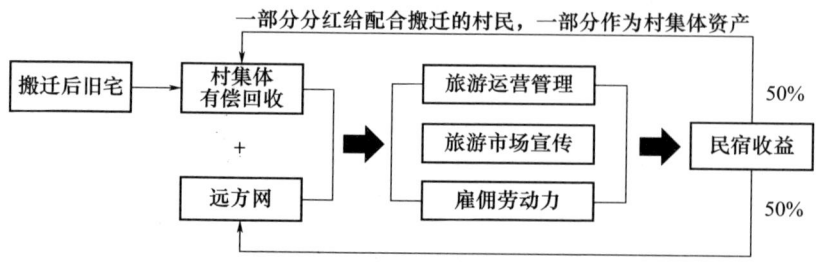

图2-1 黄山店村更新改造利益分配模式

（源自：笔者绘制）

黄山店村以乡村旅游发展为导向的更新改造的实施取得了良好的社会经济效益。通过实地考察得知，2017年全村共接待40余万名游客，实现2000余万元收入，2019年入选第一批全国乡村旅游重点村（北京市仅9个村庄入选），形成以坡峰岭景区为主的旅游产业格局。根据 2023 年 4 月 3 日北京市房山区人民政府政务公开的回应关切专栏有关周口店镇黄山店村报道，自 2011 年至今，坡峰岭景区共安置 260 余名劳动力就业，职工工资平均达到 3500 元/月，同时拉动了周边餐饮服务业增收及农副产品销售；村民享受集体资产民宿产业经营带来的利润分成，民宿年营业收入 1153 万元。在 2020 年，整个坡峰岭景区年接待游客 42 万人次，实现收入 1200 多万元。黄山店村从 20 年前人均年收入不足千元增长到现在的 2.6 万元，全村已从一穷二白的普通山村蝶变成美丽宜居的全国美丽休闲乡村。

二、实践案例 2：大白楼村

大白楼村位于北京市大兴区洪门镇东北部，20 世纪 70 年代，由南苑机场南部整村搬迁而来。随着户籍人口增长，为缓解住房紧张，根据北京市规划和自然资源委员会大兴分局规划实施科发布信息，截至 2000 年，该村先后批建 74 宗宅基地，共计 1.65 公顷，形成如今的大白楼村，现户籍人口 428 人。随着城乡一体化进程加快，大白楼村成为城乡接合部地区典型的人口倒挂村。2022 年，大兴区将大白楼村作为市级农村住房提质整改和城乡接合部整村宅改试点村，由区政府、镇政府、村集体和村民共同参与宅改项目成本与工作分担（图 2-2）。全面推进宅改工作，实现土地空间集约整合，重塑村庄风貌，推动新型城镇化发展，形成宅基地改革新途径、新经验。

村庄整体宅改以原地改造为主，具体措施从三个方面实施：在减量发展方面，宅改严守每户基地"最高不超 200 平方米"红线，整体村庄宅基地用地减少 1.2 公

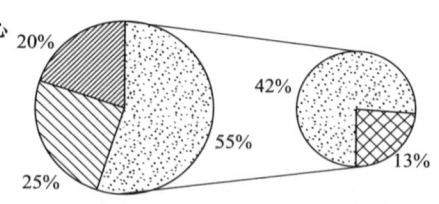

图 2-2 大白楼村改造成本分担

（源自：笔者绘制）

顷。节地可一半用于战略留白，一半作为集体产业用地引进社会资本集约利用。通过集体产业分红和民宅出租收益，结合城乡居民保险，保障农民收入（图2-3）。在环境提升方面，改造升级了村域公共服务设施、基础设施和新宅环境系统，同时，在村域内增加1.45公顷的公园用地，改善了村庄人居环境。在社会治理方面，村集体建立党建协调委员会等机制，及时修订与完善村规民约，加强对村庄公共环境爱护，实行自我约束、互相监督。同时，新村建成后，结合村民户籍情况，厘清宅基地三权关系，规范管理，解决使用权流转和抵押、有偿使用、自愿退出等机制难题，保障集体与农民权益。

村庄改造利用集体土地和村庄产业用房，引入社会资本，开拓了大白楼村宅基地改革资金筹措渠道，减少改造成本。在住宅就地改造方面，村民则可以通过自主选择配建一层地下室，保留整体两层、局部三层格局，满足现阶段村民居住需求，同时兼顾出租需求。在改造前期，给予农民充分的自主选择权，通过对比改造前后居住环境、家庭收入等村民关心和关注的内容，实地参观样板房，促成大白楼村改造方案达到100％同意率。

第二章　国内外旅游型村庄更新研究与实践

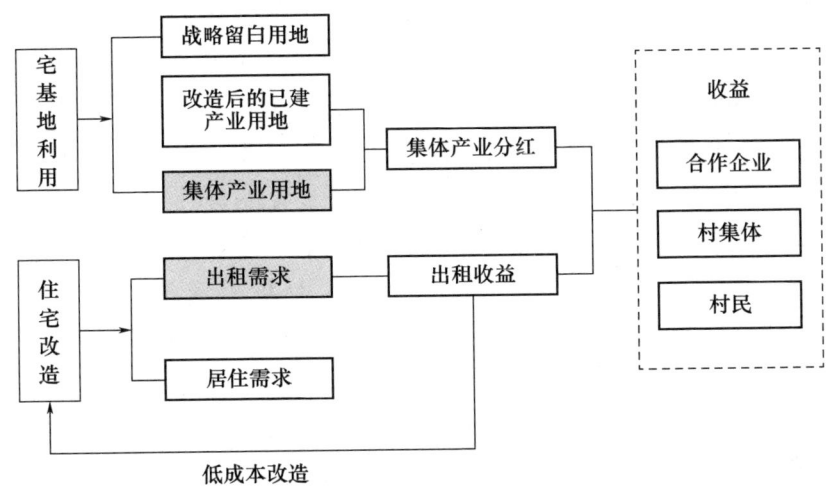

图 2-3　大白楼村更新改造利益分配模式

（源自：笔者绘制）

三、实践案例 3：小穿芳峪村

小穿芳峪村位于天津市蓟州区穿芳峪镇东部，典型的半山区地貌，多丘陵山地，地势西北高、东南低，村庄内地势相对平坦。小穿芳峪村有着丰富的自然和人文旅游资源，村北部有卧牛山，其三面环穿芳山、半壁山、鹦哥山，同时村内留存有晚清八位文人所建的园林群落遗址和大量历史文献。2015 年，小穿芳峪村进行了宅基地改革试点，村民以宅基地入股，宅基地流转进入村集体，由村集体交给旅游公司统一管理。村庄更新以旅游开发为导向，建成了充满趣味的乡野公园、多家特色民宿和乡野小屋，还发展了农耕文化体验园、房车营地等旅游项目，成为远近闻名的乡村休闲度假胜地。同时，村庄经过统一搬迁安置，实现了更好的居住环境和公共设施服务。根据中国国际扶贫中心网站信息，小穿芳峪村由 2012 年的脏乱差、人均年收入仅有 8400 元到 2020 年人均年收入达到 40100 元；村集体收入也从 2012 的 0 元增加到 2020 年的 100 万元。先后被评为"全国休闲农业与乡村旅游示范点""全国美丽宜居乡村""国家级 AAA 旅游景区""中国美丽休闲乡村""天津市美丽宜居乡村"和"全国乡村治理示范村"。

在旧村更新方面，以休闲度假为发展定位，通过村民搬迁、民宅腾退、闲置用地开发，在村庄北部新建安置小区用以安置自愿有偿退出旧村并有住房需要的村民，将搬迁腾退后的旧村宅基地转为产业用地并实施整体的旅游开发，集中打造中高端民宿和乡野公园景区，尤其是联合专业旅游团队，打造了 21 家古建风格农家院以及 10 余家乡野小屋，并根据需要配置公共服务用地和基础设施用地，实现村民生活与旅游发展分离。

在利益关系调整方面，首先村民将农用地流转至村集体，并成立响泉山种植合作社，进行统一管理经营，主要种植优质苗木，村民不仅可以获得土地的增值保值收益，还可以获得苗木的销售分红。其次，村集体成立小穿投资股份有限公司（注册资金约 3000 万元），每户村民入股约 12 万元，同时村民将腾退后的宅基地和住宅入股村集体企业，通过社会招商吸引社会资本投入，改造成中高端旅游民宿，并交由村旅游公司统一经营管理，村民可获得旅游公司的分红收入和务工收入（图 2-4）。

四、实践案例 4：郭家沟村

郭家沟村位于天津市蓟州区，山水资源丰富，具备发展旅游的条件，但在 2010 年之前仅有 5～6 家普通农家乐。2012 年响应当地建设乡村旅游精品村号召，村庄围

第二章　国内外旅游型村庄更新研究与实践

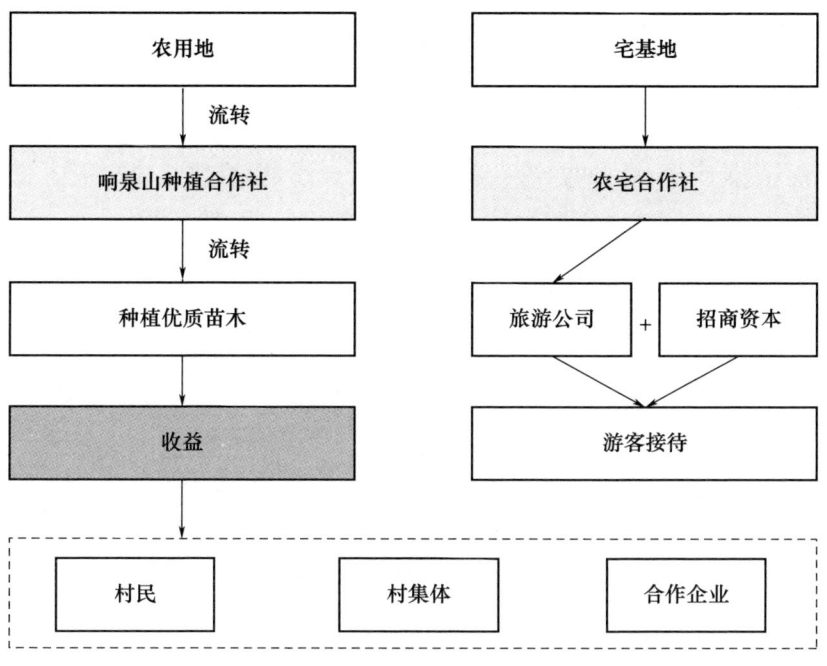

图 2-4　小穿芳峪村更新改造利益分配模式
（源自：笔者绘制）

绕"山水田园、塞上民俗、北方乡村"目标发展，以农家院为依托，调整产业结构，开发休闲观光旅游。村庄还引进了高山滑草、丛林体验、卡丁车等娱乐休闲项目，使闲置土地和空间资源得到充分发挥，为村庄带来可观的经济效益。

具体来看，村庄以原地改造为主，尽可能避免大拆大建，改造 50 多户农家宅，形成了统一的青砖灰瓦风格；改造污水处理等基础设施，新建旅游后勤管理设施，重塑村庄入口和道路两侧景观。

村民和村集体是村庄更新提升的主体，但地方政府投资 500 万元用于村庄旅游项目的规划、宣传、土地的集中流转、基础设施建设和农户庭院的外观装修等内容，室内装修由村民自己出资，村集体组建了旅游发展公司，县级农村商业银行为村庄提供乡村旅游特色信贷帮扶。更新完成后，村民是各自农家院的经营主体，村庄旅游的营销推广、服务质量、采购支出、分配客源、收费结算等为统一标准，以联合经营模式来运行管理（图2-5）。

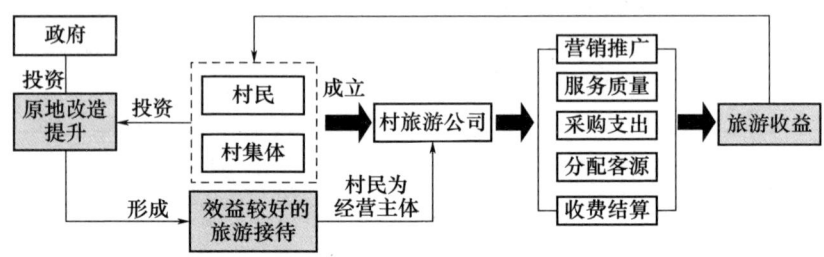

图 2-5　郭家沟村改造分配模式

（源自：笔者绘制）

在2012年改造之前，郭家沟村村民开办的农家乐数量较少、品质较低端，每户农家乐收入约每年3万元。在更新改造以后，旅游业为郭家村带来了巨大的经济效益，根据天津北方网发布的信息，2012年郭家沟村年人均收入达到1.5万元，2016年增长至7万元。2019年郭家沟村全年旅游接待20万人次，综合收入3500万元，人均纯收入达到7.6万元。

第三节　既有研究和实践的总结

综合来看，国内外旅游型村庄更新的研究和实践围绕以旅游发展为核心的用地资源整合利用和旧村物质空间更新展开，涵盖领域广泛，主要涉及在村落文化、传统民居建筑、乡村设施、乡村文化景观、乡村公共空间、旅游业态和利益主体发展模式等一些领域。改造策略主要从村庄的空间结构、土地利用、旅游景观、旅游市场与宣传等方面提出。

案例研究部分的村庄均是通过更新改造推动了村庄自身环境的改善和旅游产业的发展，旅游业态的收益水平也得到了很大提升。具体差异性是改造模式不同和村集体所占主导权大小不同。虽然大多数村庄不是在用地减量背景下进行更新改造，但是都对建设用地资源进行了集中利用，提高了单位土地效益，尤其是探索了实施的政策机制和模式，为本书研究提供了参考经验。如表2-1所示。

表2-1　旅游型村庄更新改造研究总结

主要方面	具体经验
目标定位	在不违反农村用地和建设要求下，发展高品质、趣味性的乡村度假区。传统观光性度假已不能满足乡村旅游的发展，创新旅游业态是更新改造重点。保健、娱乐型度假村更受市场欢迎，绿色和生态成为发展主题
旅游产业	结合附近旅游资源，游览消费与服务消费结合。要面向客源市场，针对散客、团体和会议客人等旅游人群打造对应的旅游服务设施，在住宿上中、高端水平收益更佳。考虑特色民宿、精品民宿、度假酒店等旅游产品
用地建设	村民搬迁后的原宅基地转为集体经营性建设用地，村民未搬迁的宅基地统一进行提升改造，村民安置主要是原地或者附近安置，保障村民对村庄发展的权利，主要集中到楼房节约住宅用地面积来发展旅游
物质空间	建筑要尊重乡村特色和文化，关注建筑色彩、材质等细节，并与空间、景观相融合，注重生态化理念，提升村庄的公共服务与基础设施水平

续表

主要方面	具体经验
利益主体	尊重和保障村民的权益是改造首要原则，农业生产、旅游服务和村民需求兼顾，并要注重公众参与。对于村庄开发模式可以是政府牵线引导，提供融资平台；村集体主导并和企业合作，提供资金和专业化服务，短期投入获取长期收益；村民入股分红并就地就业

源自：笔者绘制。

相比于本书研究主题，既有研究和实践很少以"减量"作为前提条件，同时对旅游型村庄复杂的利益关系缺乏深入剖析。因此，在减量规划背景下，如何实施旅游型村庄的更新还需进一步深入研究。

第三章 减量规划实施与北京旅游型村庄的更新

第一节 减量规划的起源、发展与现状

一、减量的起源与发展

减量规划思想的起源可追溯到 20 世纪欧美国家相关学者提出的"城市收缩"现象,他们[50-51]将城市收缩定义为城市发展过程中所产生的人口流出、经济衰退等问题,从而形成一种以"城市收缩"为导向的"减量"规划思想。同时,"精明增长"[52]"紧凑城市"[53]等规划概念,与节约用地、促进可持续发展的减量化理念同样契合。在我国,2013 年中央城镇化工作会议提出提高城镇建设用地利用率的重要目标,2015 年中共中央 国务院印发的《生态文明体制改革总体方案》中要求,实行土地总量控制与减量管理,建立土地资源节约、集约利用的激励与制约机制,标志着建设用地由传统增量向存量、减量方向转变。因此,一些国内学者[54-55]认为国内的减量是一种主动性的规划调整。张帆等[56]指出减量规划是为了应对我国城市用地迅速向外扩展造成土地供应不足的问题,其本质上是一种解决城市蔓延问题的发展战略;施卫良[57]指出某些城市的城市化达到一定程度后,由于经济发展速度放缓,土地负担

过重，不但不能实现产出，还会产生环境问题，故本阶段规划主要是减少用地规模和提高土地效益，确保经济、社会和环境综合发展；陈宏胜等[58]则认为减量规划是对区域资源进行整合和集约利用的一种规划，即淘汰"三高一低"（高投入、高能耗、高污染、低效益）的工业，注重乡村生态和绿色空间，因地制宜发展农村新兴产业。笔者认为减量规划是为了应对土地资源紧缺、响应城市集约型发展的要求，通过规范建设用地使用状况、调整土地使用功能、提升土地使用效率、优化空间与设施服务水平等手段、办法减少现有建设用地规模或规划用地规模的一种规划策略。

2012年，党的十八大把生态文明纳入中国特色社会主义事业五位一体总布局。2013年，《中共中央关于全面深化改革若干重大问题的决定》提出节约集约利用资源，转变资源的利用方式，健全土地节约集约使用制度。2014年，国土资源部印发的《节约集约利用土地规定》《关于推进土地节约集约利用的指导意见》（国土资发〔2014〕119号）中也明确提出控制建设用地总量以及实施减量化战略[59]。2016年，原国土资源部印发的《国土资源"十三五"规划纲要》提出盘活存量建设用地，控制建设用地的总量，实施建设用地减量化管理。

与此同时，我国一些特大型城市率先开展了减量规划的实践，其中上海是国内最早实施建设用地减量规划的大城市（表3-1）。2014年，上海市人民政府印发的《关于进一步提高本市土地节约集约利用水平的若干意见》中提出了"五量调控"的目标，即"总量锁定、增量递减、存量优化、流量增效、质量提高"，并对青浦、奉贤、浦东等郊区范围内建设用地进行减量化探索[60-61]。《上海市城市总体规划（2017—2035年）》要求推进低效建设用地减量[62]，并且建设用地新增指标到2035年需控制在15平方千米以内。与上海市相比，北京市对于用地减量的诉求更为显著，2017年印发的《北京城市总体规划（2016年—2035年）》对土地利用的指标有了明确的规定，2020年到2035年要求建设用地减量100平方千米，是国内首个将减量指标明确落实在规划中的城市，更进一步明确提出减少城乡建设用地，实现非首都功能的疏解，优化城市功能结构，改善生态环境，推动城市发展方式转变，提升城市发展质量。"减量发展"已成为北京市土地市场持续健康发展的必由之路[63-64]。

表3-1 我国特大城市2020年与2035年规划建设用地指标对比

城市	2020年规划建设用地指标（平方千米）	2035年规划建设用地指标（平方千米）	规划建设用地指标差值（平方千米）
北京	2860	2760	−100
上海	3185	3200	15
广州	1581	按照"严控总量、逐步减量、提质增效"的原则进行建设用地配置	
深圳	1004	1105	101

源自：笔者根据北京市和上海市新版城市总体规划、深圳市和广州市新版城市总体规划（草案）整理绘制。

随后，以城市总体规划为"牛鼻子"，"减量"成为北京市各分区规划、乡镇国土空间总体规划和美丽乡村规划的关键内容，这一些下位规划不同程度地承担了用地减量任务（图3-1），尤其是农村集体建设用地，具体包括：坚决腾退集中建设区外的低效、零散的工业用地，推动集体工矿用地和乡村居民点的整治，更新国有低效存量产业用地和改造集体产业用地促进产业升级转型，并要求通过减

43

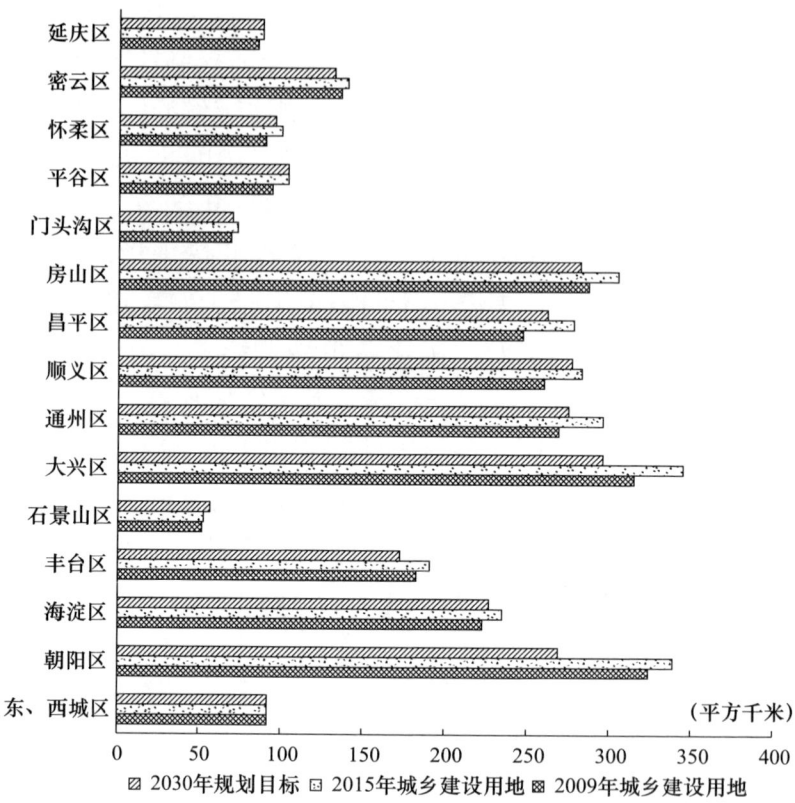

图 3-1 北京市各区建设用地减量任务

（源自：笔者根据参考文献[66]的相关数据绘制）

量实现对既有违法建设（包括违法用地和违法建筑）清零①。以平谷区为例，《北京城市总体规划（2016年—

---

① 违法建设主要指违反相关法律法规，未获得相关主管部门批准、许可的情况下，进行建设活动以及产生的建筑物和其他建造设施[65]。根据《北京市禁止违法建设若干规定》（北京市人民政府令第 295 号），违法建设分为城镇和乡村两类，其中乡村违法建设是指缺少乡村建设规划许可证（包括临时）以及未按照许可内容进行建设。土地的违法情况较为复杂，主要指土地的使用违反《中华人民共和国土地管理法》和《中华人民共和国城乡规划法》相关条例。本书所指的违法用地是指没有取得相应土地建设使用权，在农用地、林地等非建设用地上产生建设活动、建筑物以及其他建造设施。

第三章 减量规划实施与北京旅游型村庄的更新

2035年)》要求重点实施集体建设用地减量，大力推进农村集体工矿用地整治，积极稳妥推进农村居民点整理。对集中建设区外零散分布、效益低的工业用地坚决实施减量腾退，退出后重点实施生态环境建设。此外，也鼓励集体经营性建设用地资源与产业功能区和产业园区对接，利用减量升级后的集体经营性建设用地发展文化创意、旅游度假、休闲养老、租赁住房等产业。

自2016年以后的5～6年，北京市相继出台了与减量发展、减量规划相关的政策文件（表3-2），从而进一步为减量规划实施提供了操作办法。

表3-2 北京市减量规划相关政策

名称	相关内容
《关于全面深化改革提升城市规划建设管理水平的意见》	推动城乡建设用地减量，重点对村庄集体建设用地进行减量与集约高效利用
《北京城市总体规划（2016年—2035年）》	明确减量提质思路，重点实施村庄集体建设用地减量，尤其是推进农村集体工矿用地整治
《关于推动生态涵养区生态保护和绿色发展的实施意见》	对70％生态涵养区划定生态红线，并用建设用地和开发强度减量来约束
《北京市关于全面深化改革、扩大对外开放重要举措的行动计划》	构建推动减量发展的体制机制
北京市各分区规划	严格落实城乡建设用地减量，并落实指标分配
《关于推动减量发展若干激励政策措施》	重点实施城乡建设用地减量以及集约利用，盘活存量，做优增量

续表

名称	相关内容
《北京市战略留白用地管理办法》	规划留白严禁扩、新建，鼓励用地置换来集中战略留白用地
《北京市土地资源整理暂行办法》	为建设用地减量提质提供制度保障
《中共北京市委关于制定北京市国民经济和社会发展第十四个五年规划和二〇三五年远景目标的建议》	实施增减挂钩，促进城乡建设用地的减量提质，推动乡村非法占地、违法建筑等违法建设的治理
《北京市国土空间近期规划（2021年—2025年）》	坚持减量发展，持续推进城乡建设用地减量与布局优化，促进建设用地提质增效
《北京市乡村振兴战略规划（2018—2022年）》	优先利用存量建设用地，以城乡接合部地区为重点，推进村庄集体建设用地减量腾退，统筹产业用地，发展休闲农业、乡村旅游等产品
《北京市城乡接合部减量发展三年行动计划（2021—2023年）》	将城乡接合部建成基本无违法建设区域，逐步削减违法建筑存量、确保增量动态清零
《关于存量国有建设用地盘活利用的指导意见（试行）》	统筹推进存量国有建设用地盘活利用，进一步提高节约集约用地水平，保障高质量发展

源自：笔者根据相关政策文件以及参考文献[67-68]绘制。

二、黄松峪乡与雕窝村的规划减量情况

2018年与2019年全面启动编制的美丽乡村规划成为广大农村地区落实《北京城市总体规划（2016年—

2035年)》以及各分区规划、乡镇总体规划减量要求的最终"落脚点"。因此，减量指标成为这一轮美丽乡村规划最重要的目标，这对于拥有较大建设规模的旅游型村庄产生了极大的影响。

以平谷区黄松峪乡的7个旅游型村庄为例（表3-3），村庄建设用地平均减量比例达到40.8%，其中雕窝村减量比例最高，减量实施任务最重。此外，部分村庄的村外建设用地（特交水建设用地）增加了指标，比如雕窝村特交水建设用地需要增加7.53公顷（图3-2）。

注：《平谷区黄松峪乡雕窝村村庄建设发展规划（2019年—2035年)》中用地平衡表分为村庄建设用地与村外建设用地两类，在《北京市"两图合一"规划编制技术指南》中建设用地包括城乡建设用地和交通水利及其他建设用地，经《平谷区黄松峪乡雕窝村村庄建设发展规划（2019年—2035年)》和《北京市"两图合一"规划编制技术指南》对比，其中村庄建设用地是指城乡建设用地，村外建设用地是指特交水建设用地，即交通水利及其他建设用地的简称，指建设用地中服务于城镇和村庄建设用地之外的其他各类建设用地，包括风景名胜设施用地、特殊用地、对外交通用地及部分水利设施用地等。

表3-3 黄松峪乡7个旅游型村庄建设用地现状与2035年规划对比增减情况

村庄名称	村庄建设用地减量（公顷）	村外建设用地增量（公顷）	减量用地类型	增加用地类型	规划编制年份
黄松峪村	11.1	10.94	村民产业用地、村庄基础设施用地、村庄其他建设用地	特交水建设用地	2019年

续表

村庄名称	村庄建设用地减量（公顷）	村外建设用地增量（公顷）	减量用地类型	增加用地类型	规划编制年份
白云寺村	13.5	−0.06	村民住宅用地、村庄基础设施用地、村庄其他建设用地、特交水建设用地	村庄公共服务用地	2019年
大东沟村	0.84	0.16	村民住宅用地、村庄公共服务用地、村庄基础设施用地、村庄其他建设用地	村庄产业用地、特交水建设用地	2018年
黑豆裕村	17.78	−4.84	村民住宅用地、村庄公共服务用地、村庄基础设施用地、村庄其他建设用地、特交水建设用地	/	2019年
雕窝村	13.44	7.53	村民住宅用地、村庄公共服务用地、村庄基础设施用地、村庄其他建设用地	特交水建设用地	2019年
塔洼村	2.43	−0.92	村民住宅用地、村庄产业用地、村庄基础设施用地、村庄其他建设用地	村庄公共服务用地、特交水建设用地	2018年
梨树沟村	2.74	0	村民住宅用地、村庄公共服务用地、村庄基础设施用地	/	2019年
合计	61.83	12.81	/	/	/

源自：根据《平谷区黄松峪乡雕窝村村庄建设发展规划（2019年—2035年）》绘制。

第三章　减量规划实施与北京旅游型村庄的更新

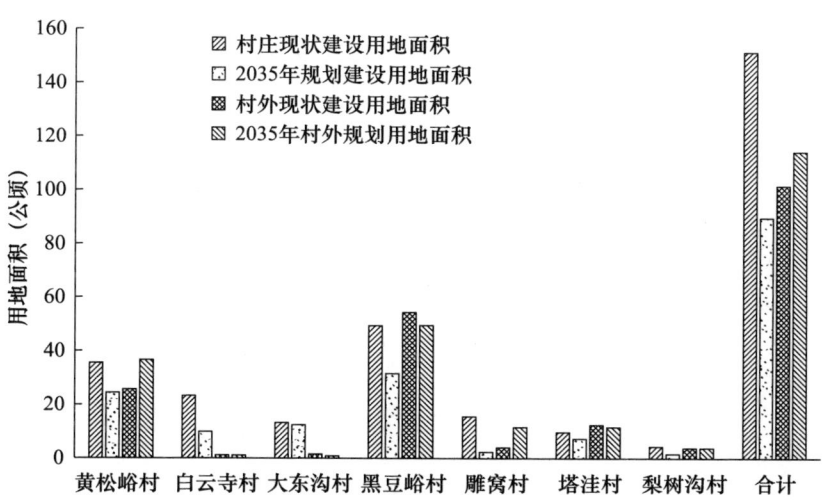

图 3-2　黄松峪乡 7 个旅游型村庄现状用地面积与规划用地面积
[源自：根据《平谷区黄松峪乡雕窝村村庄建设发展规划
（2019 年—2035 年）》绘制]

具体来看，按照《平谷区黄松峪乡雕窝村村庄建设发展规划（2019 年—2035 年）》（表 3-4），雕窝村城乡建设用地面积总量规划从 15.65 公顷减至 2.36 公顷，村外建设用地（特交水建设用地）虽整体增加，但景区设施用地规划从 1.72 公顷减至 1.57 公顷。因此，雕窝村规划共计有 13.44 公顷的建设用地减量目标，占现状总用地面积 68％，其中属于减量用地的地块主要是胡关路西侧用地以及东侧违建用地（图 3-3 和图 3-4）。

表 3-4　雕窝村建设用地现状与规划对比

用地代码		用地名称	现状用地面积（公顷）	规划用地面积（公顷）	规划与现状差值
村庄建设用地（城乡建设用地）总面积	V1	村民住宅用地	4.30	2.15	−2.15
	V2	村庄公共服务用地	0.22	0.16	−0.06

49

续表

用地代码		用地名称	现状用地面积（公顷）	规划用地面积（公顷）	规划与现状差值
村庄建设用地（城乡建设用地）总面积	V4	村庄基础设施用地	0.81	0.05	−0.76
	V9	村庄其他建设用地	10.32	0	−10.32
		小计	15.65	2.36	−13.29
村外建设用地（特交水建设用地）总面积		区域交通用地	2.30	9.99	7.69
		村外其他建设用地	1.72	1.57	−0.15
		小计	4.02	11.56	7.54
合计			19.67	13.92	/

源自：根据《平谷区黄松峪乡雕窝村村庄建设发展规划（2019年—2035年）》绘制。

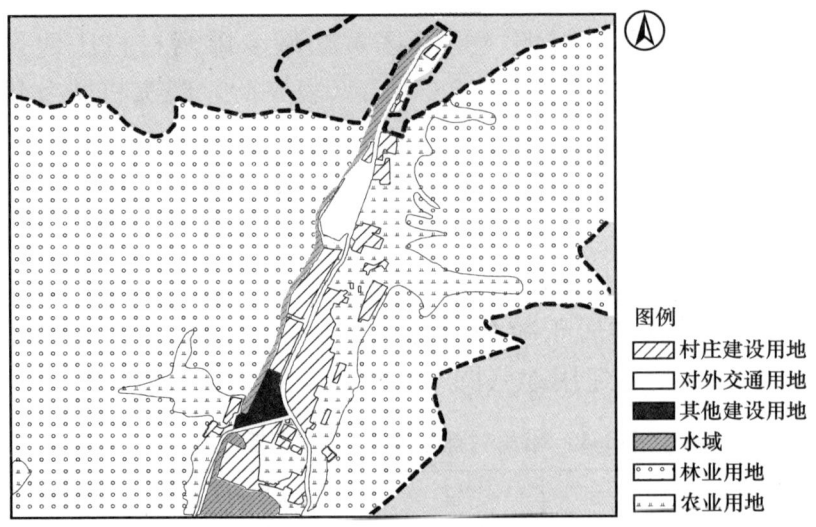

图 3-3　雕窝村现状用地

[源自：笔者根据《平谷区黄松峪乡雕窝村村庄建设发展规划（2019年—2035年）》改绘]

第三章 减量规划实施与北京旅游型村庄的更新

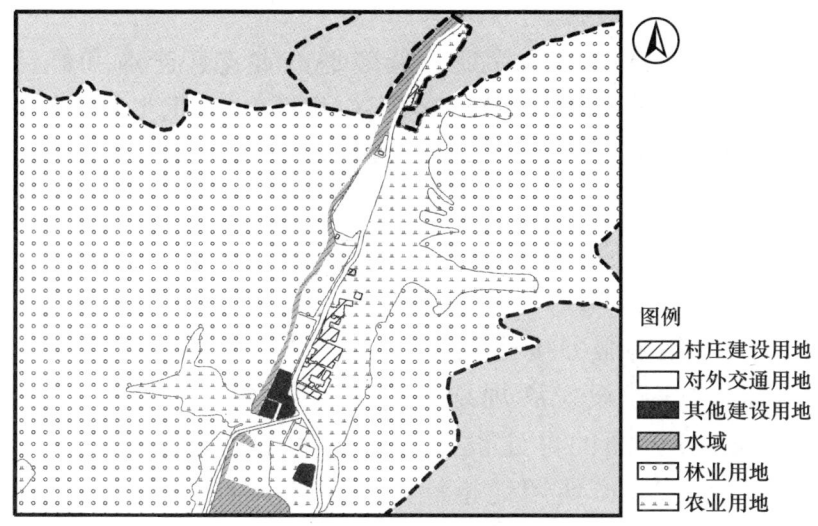

图 3-4 雕窝村规划用地
［源自：笔者根据《平谷区黄松峪乡雕窝村村庄建设
发展规划（2019 年—2035 年）》改绘］

第二节 减量规划实施的三重影响

从理论和战略的角度，减量规划体现的是我国城市社会、经济和生态发展的战略转型。然而，作为一种推动城市发展转型的规划机制，对于雕窝村这样一个具体旅游型村庄而言，具有以下三个方面的影响。

1. 积极影响

（1）纠正村庄违法建设，规范村庄建设用地。促进合理高效地使用建设用地，尤其是改善闲置、低效和分散用地的使用状况。

（2）达成非建设用地发展目标：减量之后用地转变为耕地、林地、园地等非建设用地，更有利于农业发展

51

和生态环境的改善。

（3）淘汰一些低品质、低效益的业态、产业和经营设施，为旅游产业的升级转型提供机遇和空间。

（4）促进村庄物质空间与环境的更新，尤其是为公共空间和公共设施的打造提供更多的空间和用地，提升建设和环境品质。

2. 消极影响

（1）旅游服务接待难以开展：以《平谷区黄松峪乡雕窝村村庄建设发展规划（2019年—2035年）》为例，规划2.36公顷的可建设用地为住宅用地和公共服务用地，缺少旅游产业用地指标。现状13.44公顷（占现状总用地近70％）的建设用地需要减量，80％以上的减量用地与旅游接待服务相关，严重冲击了旅游服务接待经营活动。

（2）就业岗位将大量减少：除了本村村民，外来经营者、外来雇佣劳动者参与雕窝村的旅游服务业，就业人口比例高达55％，包括餐饮、住宿、商业等相关业态的从业人员。针对旅游功能用地的减量不仅使得旅游服务接待业萎缩，而且将大幅度削减旅游业相关的就业岗位数量，进而影响本村和外来从业人员的就业状况。

（3）经济收入大幅度减少：雕窝村的村民家庭经济收入中70％与旅游业相关，同时占总人口42％的外来从业人员直接依靠旅游业为生，针对旅游功能用地的减量不仅使得旅游服务接待业萎缩，也将影响到本村村民家庭和外来从业人员的经济收入。

（4）资金缺口和社会压力：减量规划的实施必须承担减量发展所涉及的拆迁、安置等实施成本及社会压力

第三章 减量规划实施与北京旅游型村庄的更新

等一系列现实难题。

3. 其他风险与挑战：村庄既利益结构的瓦解

对于旅游型村庄而言，经营主体通过建设用地—物质环境—旅游业态三个维度实现旅游型村庄的运转，并且在这一运转体系中不同经营主体之间更形成了长期、稳定且增长的利益结构关系（图3-5），其中本地村民和村集体利益是整个体系运转的最主要的利益主体，而旅游功能性用地确保了旅游产业的经营和增长，可以说是整个体系运转的基础。

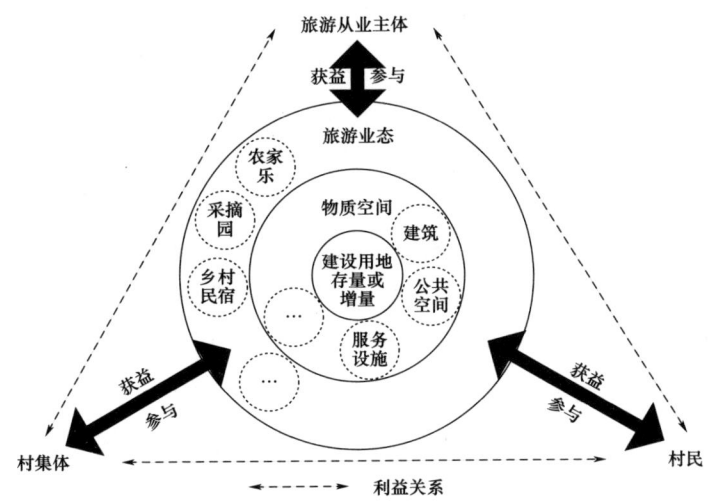

图 3-5　旅游型村庄的利益结构

（源自：笔者绘制）

显然，"一刀切"地削减旅游功能相关的建设用地在根本上瓦解了旅游型村庄运转的基础和既有的利益结构关系，并且相关的《平谷区黄松峪乡雕窝村村庄建设发展规划（2019年—2035年）》等规划文件并未给出这一变化及其影响的应对策略，更没有清晰地设计出旅游型村庄的长远发展动力和替代机制。

第三节　更新推动减量规划的实施

作为推动城乡社会、经济和生态发展战略转型的机制，旅游型村庄，减量规划实施的预期不仅仅是建设用地的削减，更不是抑制村庄的繁荣发展，而应是村庄发展的综合性目标的达成，包括土地利用更合理、旅游发展更有质量，村庄建成环境更优良，村民、居民享有更多的就业岗位、更高的经济收入以及更好的公共服务，同时又能形成实现可持续的利益结构关系，从而实现旅游型村庄的长远发展。

显然，仅仅依靠既有村庄规划与相关政策及其实施并不能自动实现上述预期，也无法放大积极影响、减少负面影响，以及规避风险。可以说，"减量"是规划目标，而非真正的策略工具，只有创造一种能够整合并实现用地、产业、建成环境及利益结构重塑等综合预期的工具才能使得减量得以实施。因此，以减量为导向的更新，既可以对建设用地、建成环境和旅游产业进行一体化的重塑，又可以实现对旅游型村庄利益结构关系的再造，从而实现减量目标的达成与旅游型村庄的长远发展（图3-6）。

第一，"减量"的达成。考虑到旅游型村庄的复杂性，应对用地现状、属性等情况进行评估，界定和划分减量对象，并提出"减量"实施的具体方式和路径。针对较难实施的部分，进一步通过其他策略来解决。

第二，实施建设用地、建成环境和旅游产业的"重塑"。合理评估保障旅游产业发展的建设需求和用地规

第三章 减量规划实施与北京旅游型村庄的更新

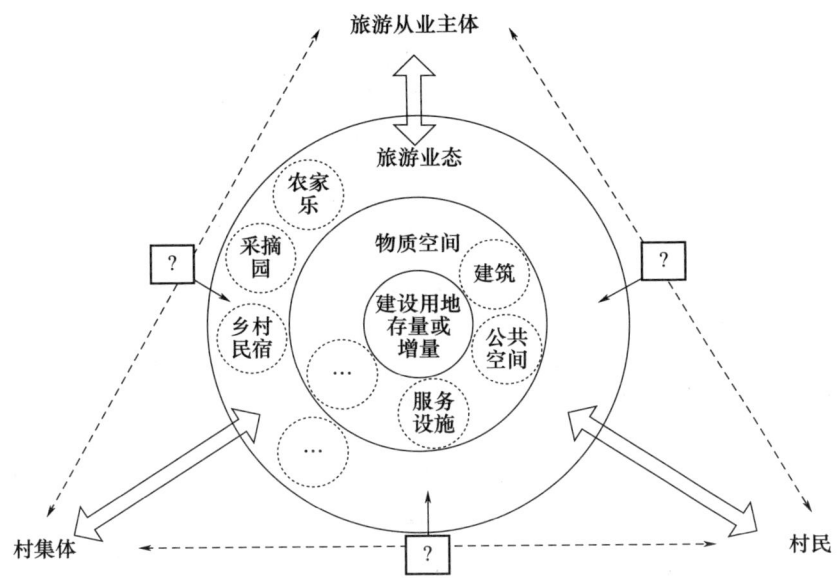

图 3-6 减量规划驱动更新改造的关系示意图
（源自：笔者绘制）

模，基于可利用的用地资源，提出规划、建设、改造以及旅游产业发展、运营的思路与策略，尽可能地为旅游业态提供建设用地，为旅游产业发展、旅游收入增长奠定基础。

第三，实施旅游型村庄各主体利益结构关系"再造"（图 3-7）。在重塑的同时，围绕全新的用地、物质环境和旅游产业，建构新的利益关系结构，尤其是保障村民和村集体利益，尽可能地赋予其旅游相关的就业机会。

第四，以"减量"为切入，将减量、重塑、再造三个层面的策略进行整合与协同，支撑旅游型村庄的减量与发展。

55

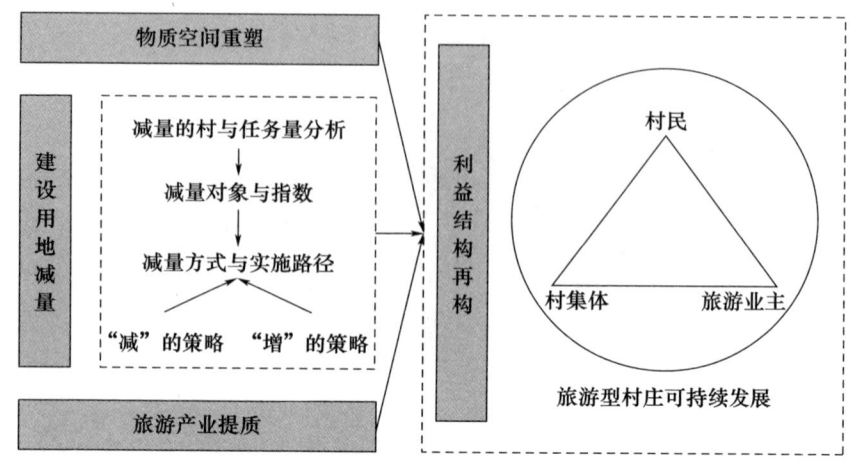

图 3-7 减量规划驱动更新改造的思路

（源自：笔者绘制）

第四章 减量规划驱动下京郊旅游型村庄更新策略的建构

第一节 减量规划实施的情境、对象与路径分析

一、减量的情境探讨

明确需要削减的现状建成用地是减量实施的首要工作。北京市旅游型村庄的建成用地构成和属性较为复杂，根据雕窝村建成用地的实际情况，因以违法违规与违反相关政策作为减量分析的切入口，探讨现实中旅游型村庄建成用地涉及的多种情况和减量所面临的实际困难。

1. 涉及违法违规的情况

一些现状建成用地不仅违反各类约束性的规划要求，更重要的是缺少土地使用权证或拥有土地使用证，但涉及其他违法用地、违法建设的情况，例如缺少《乡村规划许可证》《乡村建设许可证》《房屋登记证》以及未按照许可内容进行建设活动等。

在理论上，针对上述情况，应实施建设用地减量、并清除相关地上要素和业态。考虑到乡村旅游的重要性，若是违法用地涉及旅游发展的重大设施问题，比如景区设施用地，或发展效益较好的住宿、餐饮、商业等旅游产业用地，或是较符合村庄规划，对其即时和完全减量

存在着较大实施难度，需采取特定的减量策略。

2. 合法但违规的情况

在符合法律法规要求的情况下，村庄建设用地违反规划情况仍较为常见，应按规划要求实施减量以及清除相关地上要素和业态，包括以下三个方面：

（1）废弃工矿用地、在规划中需要整治的集体工矿用地、其他闲置的建设用地（包括闲置宅基地、弃置地及其他类型建设用地）；

（2）基本农田保护范围、生态保护红线、水域管控蓝线、长城文物保护范围等刚性管控范围内以及其他不符合规划要求的建成用地；

（3）住宅用地、产业用地、公共服务用地、特交水建设用地和其他类别的建成用地等不符合规划的情况。

3. 合法合规但不符合相关政策的情况

针对一些特殊的建成用地，比如宅基地，北京市各个区都制定相应政策。以宅基地为例，平谷区要求一户一宅且占地面积不超过 173 平方米（北京市其他地区的宅基地面积一般不超过 167 平方米，且宅基地面积上限是 200 平方米）。然而，在现实中平谷区乡村地区不仅存在较多的一户多宅情况，甚至存在超过 300 平方米的宅基地的情况，对其即时和完全减量存在着较大实施难度，需采取特定的规划策略实施减量。

4. 其他情况

地上建（构）筑物是危房、临时建筑等建成用地，理论上应针对现状建成用地规模实施减量并清除相关地上要素和业态。但如果涉及村民宅基地，对其即时和完全减量存在着较大实施难度，需采取特定的规划策略实施减量。

第四章 减量规划驱动下京郊旅游型村庄更新策略的建构

二、减量对象的判定

综合上述情境探讨，根据旅游型村庄建成用地，涉及合法合规属性、实际使用状态以及地上建（构）筑物的质量三个方面的评价因素。

1. 因素一：合法合规属性

合法合规是减量用地筛选的首要标准，也是北京市旅游型村庄建成用地实施减量过程中面临的最大问题。综合法律、法规、法定规划、相关政策等文件，梳理合法合规性要求，具体情况如表 4-1 所示。

表 4-1　北京市旅游型村庄建设用地违法违规情况梳理

用地属性	用地情况	具体情况	依据
违反法律法规	违法用地	缺少相关土地使用证，分为《中华人民共和国集体土地所有权证》《集体土地建设用地使用权证》《国有土地使用证》（在非建设用地上进行建设）	《中华人民共和国土地管理法》《中华人民共和国城乡规划法》及其他相关法律法规
	其他含有违法建设的用地	缺少《乡村建设规划许可证》（含临时）	
		缺少《房屋登记证》	
		未按照相关证书许可内容进行建设	
违反相关规划	违反上位规划建议减量的用地或村庄用地规划图的用地	废弃工矿用地、规划中需要整治的集体工矿用地	《北京城市总体规划（2016年—2035年）》《平谷区分区规划（国土空间规划）（2017年—2035年）》《北京市平谷区黄松峪乡国土空间规划（2019年—2035年）》（初稿）

续表

用地属性	用地情况	具体情况	依据
违反相关规划	违反上位规划建议减量的用地或村庄用地规划图的用地	闲置的建设用地（包括闲置宅基地、弃置地及违规建设用地）	《平谷区分区规划（国土空间规划）（2017年—2035年)》
		低效的集体建设用地	《北京市平谷区黄松峪乡国土空间规划（2019年—2035年)》（初稿）《平谷区黄松峪乡雕窝村村庄建设发展规划（2019年—2035年)》（草案）
		基本农田保护区、生态保护红线、水域管控蓝线、长城文物保护范围等刚性管控范围内村庄建设用地	《北京市国土空间近期规划（2021年—2025年)》
		零散居民点	《北京市平谷区黄松峪乡国土空间规划（2019年—2035年)》（初稿）《平谷区黄松峪乡雕窝村村庄建设发展规划（2019年—2035年)》
		其他不符合规划要求的建设用地	
		不符合规划中的用地性质（住宅用地、产业用地、公共服务用地、特交水建设用地、其他建设用地等）	
违反相关政策、办法或意见	一户多宅、户均宅基地面积过大	宅基地	《北京市人民政府关于落实户有所居加强农村宅基地及房屋建设管理的指导意见》
	搬迁后的老村用地	搬迁后的原住地上宅基地	《平谷区农村村民住宅建设管理办法》

源自：笔者根据相关文件整理绘制。

注：本文所指的《国有土地使用证》主要指建设用地使用权证。

第四章 减量规划驱动下京郊旅游型村庄更新策略的建构

2. 因素二：实际使用状态

旅游型村庄建成用地的使用也存在较大差别，尤其是一些用地长期被闲置、空置和弃置。因此，实际使用状态指标反映出对于建设用地的真实需求，例如居住、公共服务、基础设施等民生类需求和旅游产业发展需求，以及在总体上衡量村庄对于建设用地的经济性和减量实施的难易程度。一般来讲，土地使用状态可分为正在使用、正在建设和闲置三种情况，具体如表4-2所示。

表 4-2 村庄用地使用状态分类

用地使用状态	包含的使用需求情况	特点
正在使用	正在作为居住、旅游经营、公共服务或其他正当使用需求的场所	对于利益相关者具有或即将具有较强的使用需求，主要是民生和旅游的需求
正在建设	正要建设为居住、经营、服务的场所	
闲置	基本无使用需求、无使用功能	减量实施产生的纠纷概率较小

源自：笔者绘制。

3. 因素三：地上建（构）筑物的质量

建（构）筑物质量是建成用地减量实施的重要参考标准，也决定了更新工作开展的必要性以及具体更新方式。比如危房等建筑质量极差且无法保障未来使用安全的房屋，可进行腾退拆除。一般情况，建筑质量可分为四类，具体如表4-3所示。

表 4-3 村庄建筑质量分类

建筑质量	特点	参考对象
一类建筑	建筑内外结构较好,外观较新,满足使用功能	
二类建筑	内外结构基本完好,外观稍有陈旧,基本满足使用功能	
三类建筑	内外结构有破损,外观陈旧,经维修基本可以使用	
四类建筑	内外部结构破损严重,无法保障使用安全	

源自:笔者根据村庄调研实际情况绘制(参考图片为笔者拍摄)。

建成用地的合法合规属性是核心判定要素,而实际使用状态和地上建(构)筑物质量是辅助判定要素。然而,在现实中,合法合规属性的情况较为复杂,比如一些建成用地违法但符合规划,一些用地违反规划但却合法(图 4-1)。在《中华人民共和国土地管理法》中,对于缺少相关土地使用证,在农用地等非建设用地上进行建设的处罚行为较为明确,对于这类用地在不符合规划的情况下,需要作出没收或拆除的行政处罚。因此,是否违法可作为建成用地合法合规属性的首要判断准则。

第四章 减量规划驱动下京郊旅游型村庄更新策略的建构

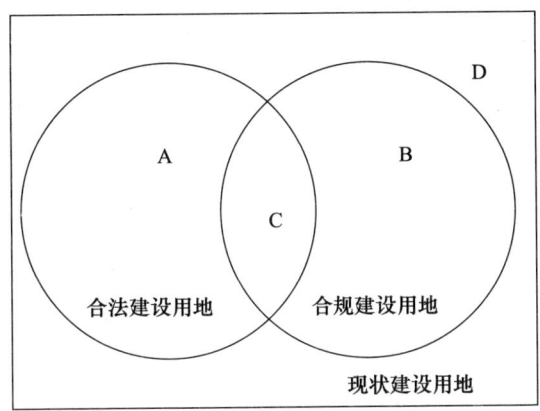

图 4-1　建设用地合法合规性的关系
（源自：笔者绘制）
A—合法但违规用地；B—合规但违法用地；C—合法又合规用地；
D—违法且违规用地；A＋B＋C＋D—现状建设用地

在此基础上，结合建成用地的实际使用状态、地上建（构）筑物质量的不同进行二次判定（图 4-2）。其中，

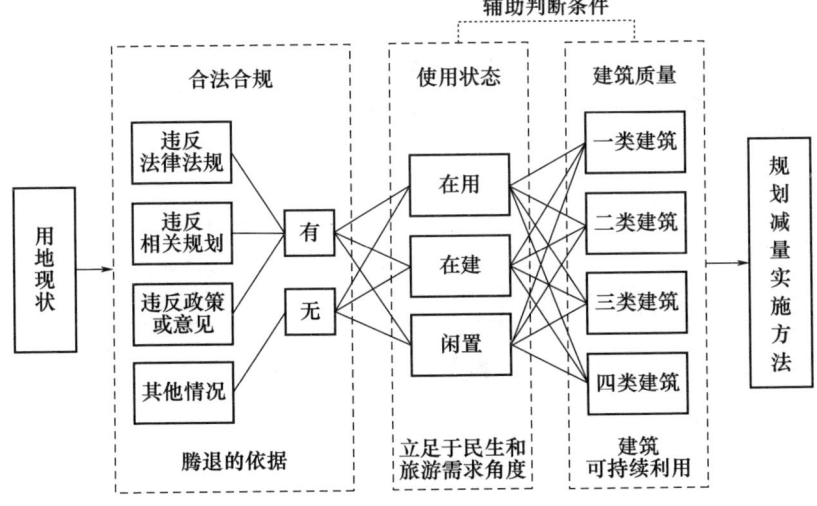

图 4-2　减量对象判断思维导图
（源自：笔者绘制）

实际使用状态立足于民生保障和旅游发展的需求,正在使用或正在建设的用地意味着实际需求;建筑质量是从建筑可持续利用角度进行考虑,质量较好的建筑具有一定的可持续发展能力。

三、减量的实施路径

现状建成用地的减量实施可归纳为三种路径,包括刚性减量、弹性减量及其他未涉及减量的建成用地应根据现实情况进行保留或更新改造(图 4-3)。

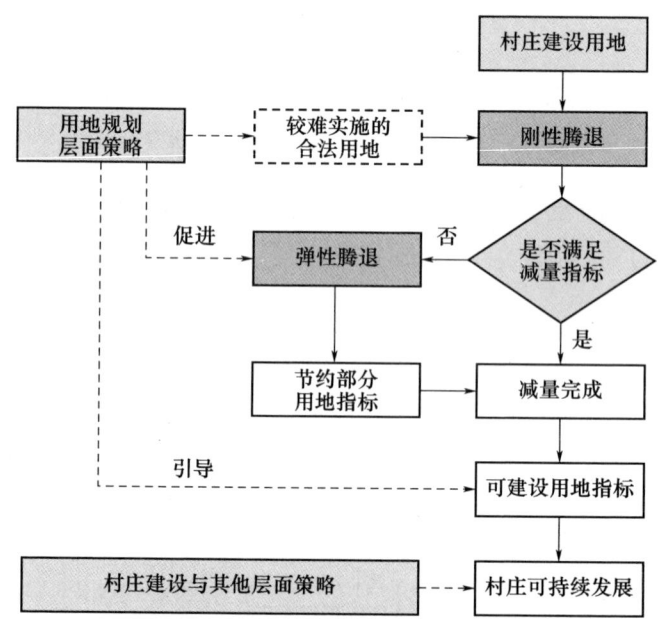

图 4-3　减量实施路径示意图

(源自:笔者绘制)

首先,将部分未达到合法合规要求的现有建设用地必须退出现有建成和使用状态;然后,根据刚性减量规划要求在考虑是否需要开展弹性减量。若仍未达到减量

第四章 减量规划驱动下京郊旅游型村庄更新策略的建构

指标，根据现有实际情况，通过各种规划策略和实施办法实施减量，包括退出现有建成状态或变更使用状态；最后，对非减量的建设用地进行更新改造或现状保留。具体实施包括刚性减量的路径和弹性减量的路径。

1. 刚性减量的路径

针对必须进行完全减量的用地（表 4-4）。主要从尽量不赔偿或少赔偿、避免与村民发生社会纠纷、利于村庄建设等角度考虑。比如减量违法用地可以避免赔偿，减量实际使用状态是闲置的用地可以避免与使用主体产生社会纠纷，减量与村庄旅游发展无关且危害环境的产业用地以及建筑使用情况较差的用地利于村庄更安全的建设发展，增加社会效益。

表 4-4 实施刚性减量路径的现状建成用地特征与属性

用地属性	具体情况	现状使用情况	房屋质量
违法且违规	缺少土地使用权证且不符合村庄规划	/	/
违法且违规或违法但合规	有土地使用权证但缺少其他相关证件或未按照许可内容建设	正在使用或建设	四类
		闲置	/
合法但违规	废弃工矿用地、规划中需要整治的集体工矿用地、闲置用地	/	/
	低效、占压管控线、零散居民点、其他不符合村庄规划要求	正在使用或建设	四类
	不符合规划用地性质		

续表

用地属性	具体情况	现状使用情况	房屋质量
不符合政策意见	已搬迁后旧宅基地	/	除风景较好且房屋质量为一、二类以外情况
	一户多宅	/	/
其他	危房、临建所在地	/	/

注：用地属性违法且违规中，重大旅游设施或效益较好的旅游产业用地情况除外。

（1）违法或违规情况较为严重的用地：这类用地减量实施成本小，可以实现减量的正向影响且基本不会产生社会纠纷，主要针对的是缺少土地使用证且又违反相关村庄规划的违法违规用地、废弃或闲置的建设用地以及一户多宅或一户多出①的宅基地，实施起来基本无难点。

（2）建（构）筑物质量极差且存在较大安全风险和隐患的用地：这类用地虽然有土地使用证，但是用地上建（构）筑物质量较差，存在安全隐患，减量后可以提高村庄安全性，主要涉及四类质量的建筑以及危房、临建所在地。实施的难点在于如果涉及村民的基本使用需求，比如居住，则需要考虑赔偿安置问题。

2. 弹性减量的路径

相对于刚性减量，弹性减量的复杂性和难度更高（表4-5）。这类用地大部分都是具有土地使用证且用地上建（构）筑物质量可满足正常使用，并且使用状况大多为村民居住、旅游发展或服务设施，使用需求合理，但涉及一些违法、违规或违反政策的问题，需采取特定的

---

① 一户多出是指一户一宅的基础上多余出来的宅基地。

第四章 减量规划驱动下京郊旅游型村庄更新策略的建构

规划策略实施减量。具体包括：

(1) 建成用地违法且不符村庄规划，但是对乡村旅游发展十分重要，被作为乡村的重大旅游设施，比如景区效益较高的旅游接待服务用地；

(2) 建成用地上建（构）筑物缺少相关许可证或未按许可内容进行建设；

(3) 建成用地虽然缺少土地使用证但是符合村庄规划；

(4) 建成用地违反规划要求，主要是用地性质与规划不符，或用地上建（构）筑物功能使用率低效不符合村庄规划要求的提质目标；

(5) 建成用地位于刚性管控线范围内、山区的零散居民点及其他不符合村庄规划要求；

(6) 建成用地存在其他不符合规划或政策意见的情况。

表 4-5 实施弹性减量路径的现状建成用地特征

用地属性	具体情况	现状使用情况	房屋质量
违法且违规	无土地使用证且不符合村庄规划	被用作重大旅游设施用地或旅游效益较好的用地	/
违法但合规	无土地使用证但符合村庄规划	/	/
违法且违规或违法但合规	有土地使用证，但缺少其他许可证件或未按照许可内容建设	正在使用或建设	一、二、三类
合法但违规	低效的集体建设用地，占压管控线、零散居民点、其他不符合村庄规划要求		
	不符合规划用地性质		

续表

用地属性	具体情况	现状使用情况	房屋质量
合法合规但不符合政策意见	户均宅基地面积过大	/	/
	已搬迁后宅基地	/	房屋质量为一、二类且周边风景较好

弹性减量难点在于能够解决建成用地既有问题的同时，又能够维持利益主体，尤其是村民的使用和民生需求，同时还要尽可能保障村庄旅游业发展的需求。因此，弹性减量目标仍需要通过规模缩减、分步实施、效益提升等特定的规划策略来实现（图4-4）。

第二节 四个维度导向下的一体化重塑

减量实施路径的走通，并非简单地对建成用地进行调整，而是"牵一发而动全身"。对于旅游型村庄而言，策略框架的建构只有从规划、用地、物质环境、旅游业态四个方面进行具体策略内容的联动、整合以及复合型地使用，才能解决建成用地既有问题，又能够维持旅游型村庄功能系统的运转，满足利益主体的需求，尤其是村民日常使用需求，同时促进旅游业的发展。

一、规划指标的调节

1. 转类减量：转为"特交水建设用地"实现规划指标减量

乡村地区的特交水建设用地是指特殊用地、对外交通用地、水工建筑用地以及其他建设用地。这一类用地

第四章 减量规划驱动下京郊旅游型村庄更新策略的建构

并不属于城乡建设用地范围,不计入城乡建设用地指标。因此,在特交水建设用地规划指标较为富余的情况下,可将现状城乡建设用地中部分交通设施和景区服务设施用地转划为特交水建设用地(图 4-5),或进一步转换为

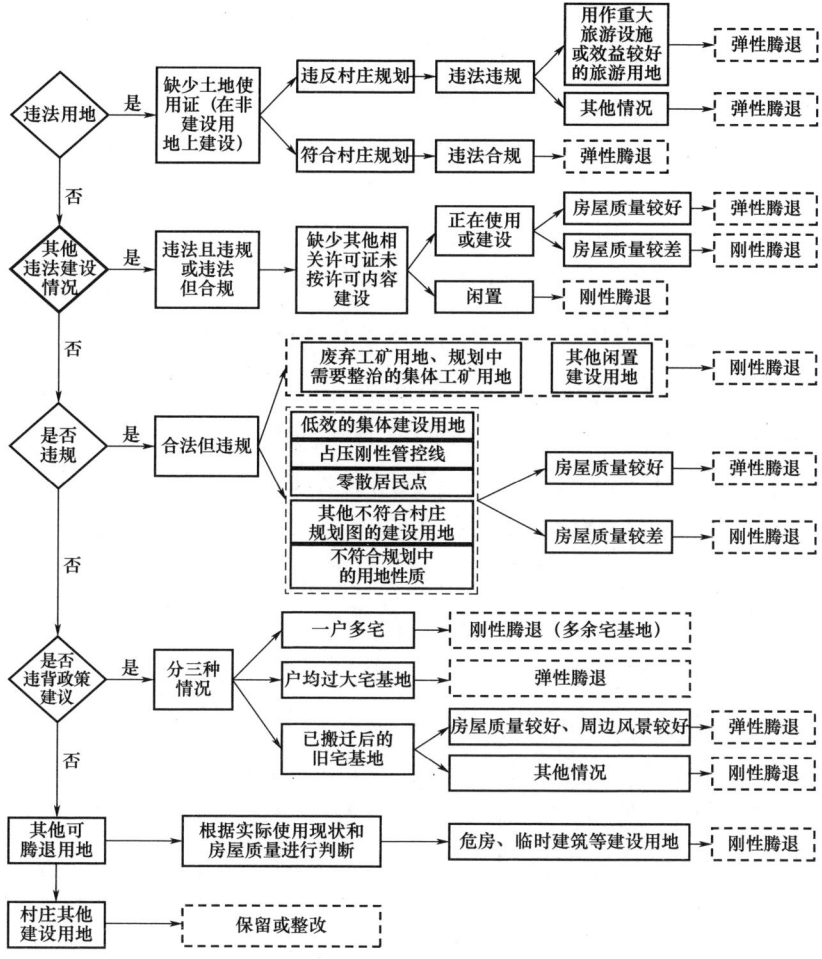

图 4-4 减量的实施路径

(源自:笔者绘制)

69

特交水建设用地中的其他建设用地，在不实际针对现状建成用地进行减量的情况下来实现对村庄建设用地指标的缩减。

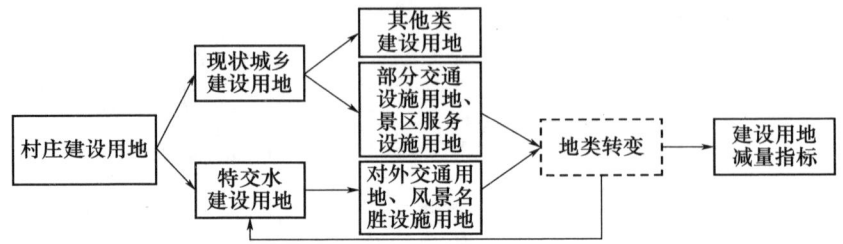

图 4-5　现状建设用地转特交水建设用地来实现减量示意图
（源自：笔者绘制）

2. 定向增量：利用特定政策实现规划指标减量

对于农村建设用地，2019 年自然资源部印发的《关于加强村庄规划促进乡村振兴的通知》指出，允许各地乡村规划中预留不超过 5% 的建设用地灵活指标；2020 年中央一号文件提出新编县乡级国土空间规划应安排不少于 10% 的建设用地指标，重点保障乡村产业发展用地；2021 年中共北京市委、北京市人民政府印发的《北京市乡村振兴战略规划（2018—2022 年）》提出，涉农区编制乡镇域规划可预留不超过 5% 城乡规划建设用地指标，用于休闲农业、乡村旅游等产业及配套服务设施建设。旅游型村庄在依靠旅游产业振兴乡村的背景下，结合实际需求，在规划中合理确定并预留旅游相关的用地指标增量。

3. 村际调节：乡（镇）域内总平衡实现规划指标减量

探索乡（镇）域内部各村之间建设用地指标减量的平衡机制。在现实中，一些村庄的实际减量规模超过规划减量指标，由于乡（镇）域是北京市规划减量实施的最小统计单元,因此超额减量部分可"转借"给乡(镇)域内无法完成规划减量指标或具有较强增量需求的旅游型村庄使用,并给予前者各类形式的利益回馈(图4-6)。

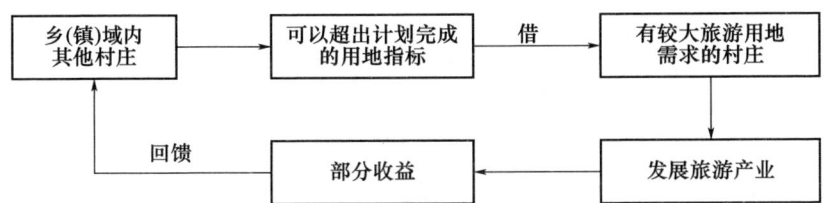

图4-6 乡(镇)域内村庄之间用地指标平衡示意图
(源自:笔者绘制)

另外,可建设用地资源十分紧张的旅游型村庄可向乡(镇)申请利用乡(镇)国土空间规划和村庄规划,按照《自然资源部办公厅关于加强村庄规划促进乡村振兴的通知》中规划"留白"机制政策,预留的5%建设用地指标,通过研究论证村庄旅游的核心优势与发展需求,由乡(镇)进行评估,给予适宜建设的用地指标,并且村庄发展获利后要给予乡(镇)人民政府一定比例的利益回馈。

4. 混合使用实现既有建成用地和规划指标的减量

首先,适度放活建设用地的使用权益,由单一功能用地转移、混合其他功能,尤其是旅游经营功能与其他类型用地进行合规性混合(图4-7)。依据《北京市乡村振兴战略规划(2018—2022年)》,鼓励村民利用宅基地和自住房来发展高质量民宿,增加家庭收入和提高土地的经营性权益;适度放活集体土地上受规划限制的权益,在保障民生、公共服务的基础上,尽可能多地为旅游业态发展提供兼容使用的机会,从而实现减量并同时满足功能需求、增加单位土地收益。

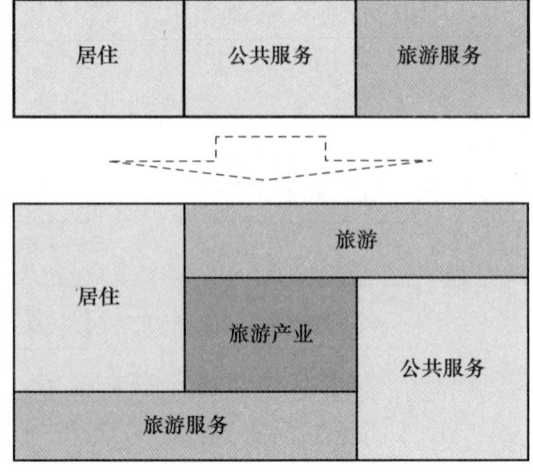

图 4-7　建设用地使用功能混合示意图
（源自：笔者绘制）

其次，探索非建设用地实现旅游使用功能（图 4-8）。

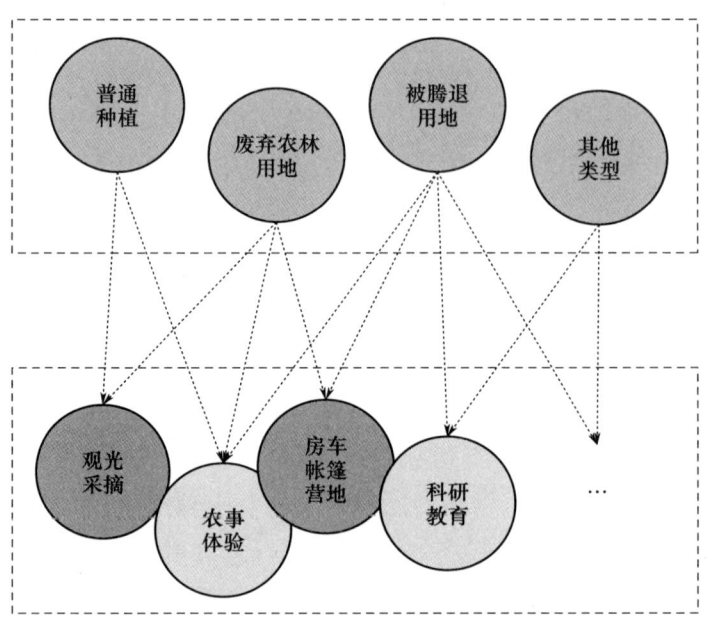

图 4-8　创新非建设用地使用功能示意图
（源自：笔者绘制）

第四章 减量规划驱动下京郊旅游型村庄更新策略的建构

农业农村部与自然资源部在优化休闲农业和乡村旅游的答复中表示，鼓励将农用地等非建设用地来发展景观农业、观光采摘、农事体验、科研教育、休闲垂钓等旅游业态。在此基础上，可以对村庄的非建设用地进行休闲旅游的再开发，在不占用建设用地指标的基础上，发展具有收益性的旅游产业。通过非建设用地功能的创新为村庄增收，同时又可以给予主动减量利益主体相关的分红权益，按照各自承担的减量的指标进行分红比例确定，以此促进用地减量的实施。

二、建成用地的削减

1. 以量换量：以建筑增量实现既有建成用地的减量

大部分需弹性减量的建成用地承载了旅游、生活和服务的空间实际需求。因此，可以通过既有建筑面积规模不变或适度增加的方式，对既有建设用地规模进行缩减，实现实际建成用地的减量。例如集中安置拥有宅基地面积过大的村民，大幅度降低既有的建成用地规模。

2. 赋权换量：赋予合规性实现既有建成用地的减量

针对缺乏合规性的建成用地，通过在原址或其他地址赋予一部分用地合规性，引导用地主体主动对剩余用地进行减量或全部进行减量，从而维持既有的使用功能体系的正常运转（图4-9）。

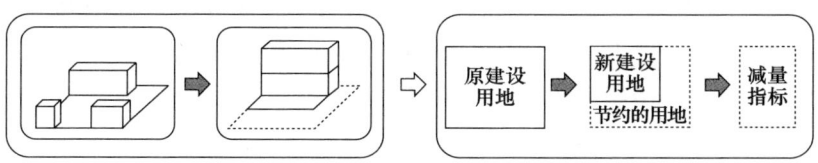

图4-9 提高用地容积率以促进用地减量示意图

（源自：笔者绘制）

3. 异地置换：建筑选址置换实现既有建成用地的减量

减量针对位于规划范围以外的现状建成用地，比如在刚性管控线范围内、山区的零散居民点等，或其他位于规划可建设范围内的弹性减量地块，但出于旅游、民生、服务等必要的使用需求，重新选址、搬迁安置，并在置换过程中实现小于既有用地规模指标的减量（图4-10）。

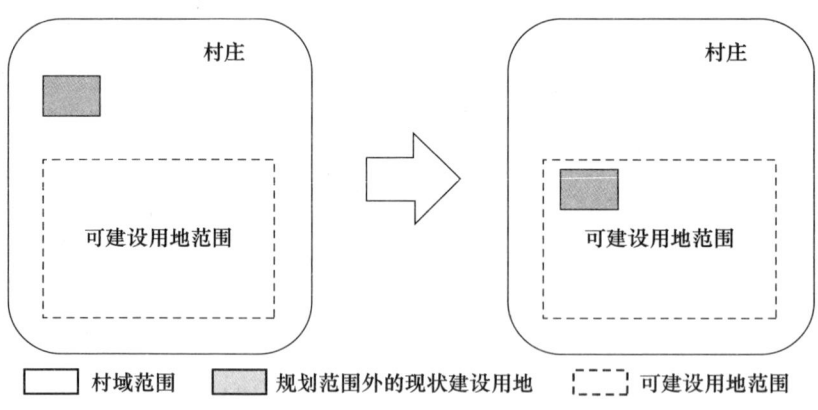

图4-10　优化用地位置以减少现状用地示意图
（源自：笔者绘制）

4. 以奖促减：多种奖励实现既有建成用地的减量

通过奖励额外的建筑权益、经济收益等，促进现状建成用地主体的弹性减量。例如解决农村宅基地确权面积超标问题，通过保障住宅面积、合法合规化住宅位置、创新宅基地多功能使用以及股权奖励、集体收益分红等激励措施，实现宅基地确权面积的减量（图4-11）。

第四章 减量规划驱动下京郊旅游型村庄更新策略的建构

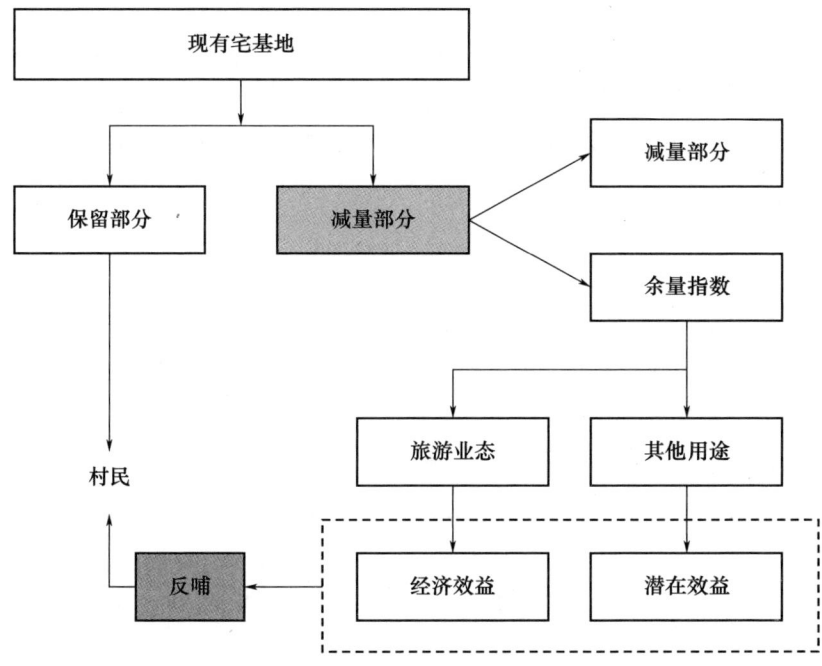

图 4-11 村民多余宅基地先减量后补偿示意图
（源自：笔者绘制）

三、物质环境的优化

在实施建成用地减量的同时，旅游型村庄可同步从建筑质量与风貌、服务设施以及公共空间三个方面优化自身的物质环境，提升村民生产、生活条件以及游客体验与旅游服务能力。

（1）提升建筑质量、塑造风貌特色：因地制宜地改造或新建建筑，提升村庄建筑质量、塑造村庄特色风貌。以雕窝村为例，可采用本地石材、木材，新建或改造与周边自然环境相协调的建筑。

（2）提升乡村公共服务设施的服务水平：以节约和

提高使用效益、满足生活服务、民生保障以及部分旅游服务等多样需求为导向，将村庄管理、医疗保健、社会福利、休闲健身、文娱活动、应急保障等村庄主要的公共服务功能一体化统筹，形成综合性服务设施，弥补旅游型村庄重旅游产业开发、轻公共服务保障的不足（图 4-12）。

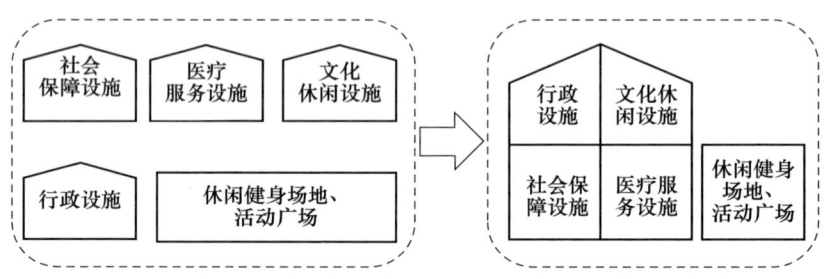

图 4-12　建筑功能复合设置示意图
（源自：笔者绘制）

（3）激活村庄公共空间的趣味性和体验性：将旅游型村庄的旅游资源元素（自然景区、森林、山水）等与广场、街道、户外设施等物质要素结合起来设置，激活村庄公共空间，满足村民日常生活、健身、游憩的需求，并为游客提供丰富的休闲度假体验。

（4）完善基础设施系统：基础设施的完善情况是旅游型乡村快速发展的重要基础和制约因素。旅游型乡村可以通过局部设置和层级建设来完善基础设施。层级建设要注重区域性的整体发展，以镇和中心村为供水、供电、排污和垃圾处理节点，相对偏远的乡村则可以采取风力或光伏发电设备，引入污水生化处理等技术系统充分利用地表（地下）水。同时，旅游型乡村需要提升应急措施，可以建立村民自发组织救火队、村民医疗中心等以弥补相关应急措施的不足。

四、旅游业态的提升

充分利用建成用地减量实施以及物质环境优化的机遇，合理利用可建设用地资源，提升旅游型村庄旅游产业发展的质量，吸引更高效益、更高效能的旅游业态，解决现阶段旅游型村庄业态低端、效益下行的问题，同时提高单位建设用地效益，反过来促进减量实施、反哺村庄发展。

1. 创新利用旅游资源、打造特色乡村旅游产品

充分利用旅游型村庄的各类旅游资源，打造"一村一品"的特色乡村旅游产品，包括：①地域、水域、风景区等自然资源；②物质和非物质文化遗产、宗教、民俗等文化资源；③特色农业、林果种植等农业产品资源。

2. 提升旅游接待服务质量、水平和能力

以村民宅基地、村庄其他集体建设用地为基础，充分利用、更新老旧居民点，并与周边景区旅游、文化体验、农产品销售相结合，发展特色民宿、精品民宿、主题民宿、网红民宿以及乡村度假酒店等具有中高端品质的旅游服务接待设施。

3. 丰富游乐、游憩、游玩设施

在完善既有景区景点设施的基础上，创新游乐、游憩、游玩设施的建设形态和使用方式，尤其是探索非建设用地（农用地、水系、林地等）的旅游功能开发，例如打造森林氧吧、房车营地、帐篷酒店、生态采摘、开敞绿地、特色花海、水上游乐等（图4-13）。

(a) 房车营地　　(b) 帐篷酒店
(c) 生态采摘　　(d) 开敞绿地

图 4-13　非建设用地旅游业态意向图
（源自：笔者拍摄）

第三节　旅游业相关利益主体关系的再造

一、相关主体及其利益

从总体来看，减量实施必然影响到与建设用地、物质环境、旅游产业三个方面相关的各个利益主体既得利益的变化，同时也决定了各类主体在减量实施过程中所必须支付的成本或者承受的损失。

（1）乡（镇）政府：乡（镇）政府是基层公共利益的代表，组织编制、执行和实施规划，并为实施减量工作付出相应资金和非财务成本，以期获得旅游型村庄整体发展效益的提升，例如有序运营的旅游业、良好的建成环境，也能从旅游产业的发展中获得间接的收益。

（2）村集体：村集体是村庄建设用地的所有者。在减量过程中，村集体所有的建设用地在实际规模、规划指标、位置布局、功能配置、使用状况、经营属性等各方面将得到重大调整，村集体对于集体建设用地的既有收益将受到增减影响，同时也必须支付减量的必要成本，影响村集体整体的公共积累和集体建设用地的有偿使用成本的价格，更进一步对村民个体、旅游业主体所获得的既得利益产生影响。

（3）本村村民：在现实中，旅游型村庄本村村民不同程度地参与了旅游事业，例如直接从事旅游经营、被雇佣作为旅游服务人员或者出租宅基地给外来旅游经营者。减量实施一方面从住宅条件、生活环境、公共服务等多个层面影响到了本村村民的日常生产生活，另一方面也影响到本村村民在旅游业中的就业和收益，甚至有可能需要付出减量的财务成本。

（4）旅游产业经营从业主体：减量实施是对旅游型村庄旅游行业的重大调整，尤其是位于减量用地之上的旅游行业主体、经营者、从业人员将受到较大的损失。相反，通过减量，促使旅游产业在有限的用地条件之上提升行业的质量和效益，从而使得在旅游行业内的个体收益获得提升。

二、新利益关系构建的目标与原则

减量规划实施的成功意味着建设用地总规模的必然减少，意味着既往建立在依靠建设用地增量实现经济收益增长的模式难以为继。因此，新的结构关系的收益必须来源于"质量"的提升，实现"以质换量"，也就是通过质量效益的提升平衡数量规模的减少，确保总体收益的增长带动个体收益的增长。对于旅游型村庄而言，旅游产业发展质量提升，才能真正实现"以质换量"，为各个相关主体收益的增长奠定基础。因此，各个主体之间新结构关系的建构并能够成功运作必须达成以下三个目标：

（1）在直接的财务层面能够实现平衡，能够支撑和驱动以减量为导向的一体化重塑工作的开展、落地。

（2）确保一体化重塑工作结果能够提升旅游型村庄整体的发展效益和质量，实现减量的社会、生态目标。

（3）尽可能地满足各个主体自身的利益诉求，尤其是本地村民居住、生活、生产的保障。

从现实角度看，新的利益关系运转的核心是通过提升旅游产业的质量和效益，实现旅游收益规模的增加和合理分配，从而弥补减量实施对于各个主体的利益损失，其中应注重三方面的利益关系（表4-6）：①各级政府主体和村集体更应注重经济损失、投入与其他社会、生态、文化等多方面收益的得失关系与总体平衡，在总体平衡的基础上，将部分收益转让给其他主体，以推动减量实施；②旅游业经营主体做好旅游业态，主动配合村庄建成用地的削减。相关政府部门应激励其主动参与村庄物质环境的优化，并赔偿其损失；③村集体和村民应主动配合村庄建成用地的削减，相关民生利益应优先得到保障、相应损失应优先独到补偿。上述三方关系的协调与平衡，需要通过两种方式实现：①规划用地和建设权利的合理配置方案；②收益保障、分配和损失补偿机制。

第四章 减量规划驱动下京郊旅游型村庄更新策略的建构

表 4-6 减量实施过程之中和之后旅游型村庄各个利益相关主体潜在投入、损失（风险）与收益分析

主体	投入	损失（风险）	收益
乡（镇）政府	推动减量实施的人力、物力、财力、时间等各类成本	旅游型村庄整体发展受挫； 其他社会经济风险	旅游产业带来的收益； 旅游和社会治理成本降低
村集体	重新建设公共服务设施所需的各类成本	集体建设用地面积和建设指标减少； 既有集体房地收益的减少； 既有公共设施被拆除	整体建成环境的改善； 村庄公共设施和服务水平的提升； 房地相关的经济收益或补偿； 旅游收益使得村庄公共积累的增加
村民	重新建设村民住宅或接待服务设施所需的各类成本	超标的宅基地被削减以及村民住宅被拆除； 旅游业相关房地租赁收益大幅度减少甚至归零； 经营或参与旅游经营的机会减少甚至消失； 相关公共服务和设施减少甚至消失	居住与生活条件得到改善； 旅游发展带来的直接收益； 旅游发展带来的就业； 其他房地相关的经济收益或补偿
个体经营者	重新建设接待服务设施所需的各类成本	经营或参与旅游经营的机会减少甚至消失； 旅游业收入大幅减少甚至归零	旅游带来的直接收益； 旅游发展带来的就业； 其他房地相关的经济收益或补偿

续表

主体	投入	损失（风险）	收益
旅游经营企业	重新建设接待服务设施所需的各类成本；重新开发旅游产品所需的各类成本	经营或参与旅游经营的机会减少甚至消失；旅游业收入大幅减少甚至归零	旅游带来的直接收益；其他房地相关的经济收益或补偿；企业综合效益的提升

源自：笔者绘制。

以财务为例，减量实施成本主要包括拆迁、复垦、安置，以及物质环境改造提升、旅游业态与设施提升等多个方面的资金，其中，建成用地的减量、更新、安置可由乡镇政府、村集体、使用主体共同承担，村庄物质环境改造提升可由乡镇政府、村集体与旅游业参与主体共同承担，而旅游业态和设施的提升以旅游从业主体为主进行投入，乡镇政府和村集体给予扶助。通过一体化的重塑，旅游型村庄的旅游收益的分配通过协议、合约等方式与村民、村集体和乡镇政府达成一致，实现成本与收益的整体平衡（图4-14）。

三、村民权利与权益保障

减量规划实施的敏感性在于对本地村民既有利益和诉求的影响。因此，应特别注重村民群体权利权益的保障，主要是村民的养老保障、享受集体公共服务以及从事旅游业发展的权利。

1. 鼓励村民参与旅游经营，促进村民就业

2019年，中共北京市委、北京市人民政府联合印发的《北京市乡村振兴战略规划（2018—2022年）》提出，

第四章 减量规划驱动下京郊旅游型村庄更新策略的建构

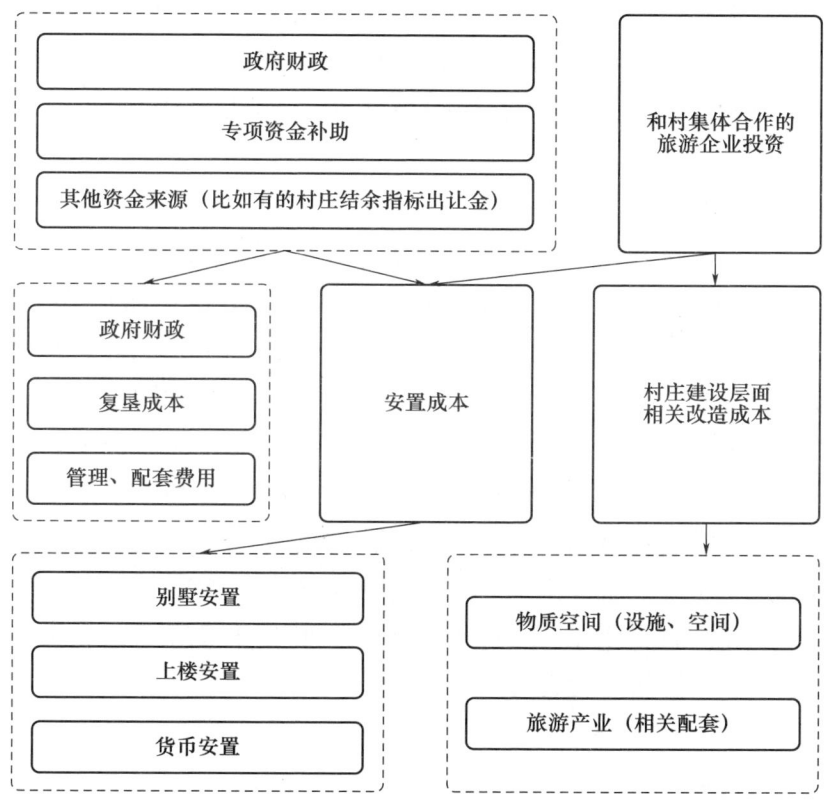

图 4-14 财务角度旅游型村庄减量实施的成本投入
及其主体关系构想
（源自：笔者绘制）

保障乡村振兴用地需求，适度放活宅基地上房屋使用权，将村民住宅尤其是闲置农宅进行盘活利用，用以发展旅游。2022年，文化和旅游部等十部门发布《关于促进乡村民宿高质量发展的指导意见》（文旅市场发〔2022〕77号）中，鼓励村民和村集体发展乡村精品民宿，简化和优化审批办证手续，并提供资金支持、金融扶持和服务引导等保障措施。

83

因此，村集体和村民应充分利用这一政策机遇参与旅游经营活动，也可通过实施村企合作的路径，优先雇佣本村村民作为旅游服务接待人员，解决村民就业、提高村民收入。

2. 养老与公共服务

随着老龄化程度的逐渐加深，乡村养老及相关的公共服务成为乡村社会发展的重要内容，尤其是旅游型村庄，在发展乡村产业促进村民就业的同时，利用部分集体经济建设养老和公共服务的综合性设施，例如可参考《养老服务驿站设施设备配置规范》（DB11/T 1515—2018）和《北京市养老服务专项规划（2021年—2035年）》，建设养老照料中心和社区养老服务驿站，同时通过旅游收益反哺集体养老和公共服务的支出，提高个人养老相关的补助和补贴的比例，从而提升旅游型村庄养老和公共服务的整体水平。

第五章　减量规划驱动下平谷区雕窝村的更新策略

作为一个典型的京郊旅游型村庄，雕窝村在新一轮规划背景下，担负着极为沉重的减量任务，将近70％的现状建成用地被纳入减量范围，其中旅游业相关的用地占比约为80％。此外，雕窝村拥有丰富的旅游资源，被规划定位为黄松峪乡乡域旅游产业发展的主要节点。尤其是在多年的旅游业发展过程之中，村民百姓和村集体得到了实实在在的回报，并且极大地改善了老百姓生活，同时他们也意识到旅游业发展面临的问题与挑战，更好地发展乡村旅游早已成为村民的共识。

因此，在现状建成用地减量的同时，减量实施的规划策略必须尽可地实现雕窝村的旅游价值，必须尽可能地解决村庄现有的一系列问题。这必然要求减量实施能够推动土地资源集约高效地利用，一体化地重塑村庄物质空间，再造相关主体的利益关系，以实现旅游高质量发展和打造适宜村民生活居住的旅游型村庄。

第一节　现状建成用地的减量

一、规划目标与要求分析

《平谷分区规划（国土空间规划）（2017年—2035年）》

和《北京市平谷区黄松峪乡国土空间规划（2019年—2035年）》（初稿）均对雕窝村提出了更高质量和更佳效益的旅游发展要求。在《平谷分区规划（国土空间规划）（2017年—2035年）》中（图5-1），黄松峪乡定位为山谷旅居示范小城镇，要求充分利用文旅休闲资源，构建全域旅游协同体，以"山谷、森林、碧水、村落"复合旅游资源为特色，打造山谷旅居小镇、林海度假水乡。在《北京市平谷区黄松峪乡国土空间规划（2019年—2035年）》（初稿）中，提出由景点旅游向深度全域旅游迈进，重点发展山水休闲旅游度假，完善基础设施和旅游服务功能。雕窝村作为黄松峪乡旅游型村庄的重要节点，未来产业发展方向为休闲旅游服务业。该规划草案还提出雕窝村需要深入挖掘旅游资源，结合石林峡和湖东水两大景区，提升游客吸引力，并建议雕窝村针对种植业可以增设山货大集业态，打造旅游资源丰富的多元综合体验片区。

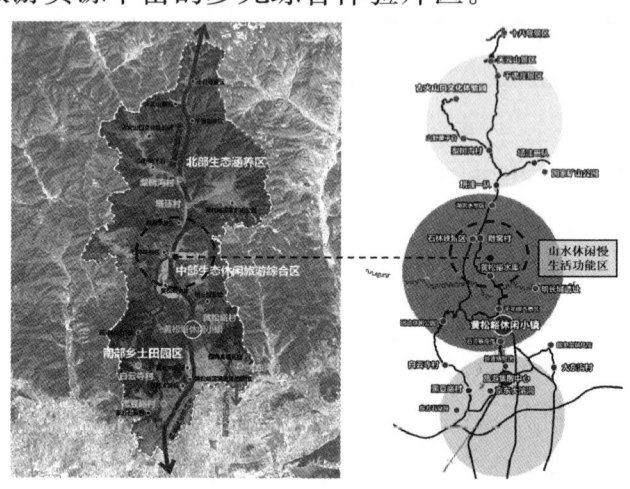

图5-1 雕窝村在黄松峪乡规划发展定位
［源自：笔者根据《北京市平谷区黄松峪乡国土空间规划（2019年—2035年）》（初稿）改绘］

《平谷区黄松峪乡雕窝村建设发展规划（2019年—2035年）》提出"山水休闲·旅居山谷"的定位目标，重点发展旅游产业，依托4A级景区、水库、山林等自然资源，以休闲旅居为切入点，以人文艺术为特色，发展休闲旅居，突出山水休闲与中高端度假，将雕窝村打造为平谷区综合性旅游度假目的地。同时，对雕窝村城乡建设用地面积以及特交水建设用地提出减量规划要求。

二、村庄发展意愿与需求分析

通过对村集体主要干部进行座谈，对50%以上的雕窝村村民和50位随机抽取的雕窝村游客进行访谈和问卷调研，各利益相关主体对雕窝村的发展观点如下。

（1）村集体：村企合作发展旅游。引进企业，拆除违法建设，由公司统一经营村庄旅游产业，并给予村集体以相应旅游收益的回馈，同时村民参与旅游收益分红。

（2）村民：倾向于将村庄整体改造为旅游度假村并打造绿化空间，希望非建设用地或地物要素腾退后的建设用地可以考虑打造为生态采摘园，希望增加购物餐饮一条街来拓宽村民水果、山药等农产品销售渠道。同时，接近80%的村民支持宅基地进行统一更新改造，并有1/3村民对改造后的宅基地有自主经营意愿（图5-2）。

（3）游客：大多数游客希望雕窝村未来可以统一打造成休闲度假区，增加购物休闲娱乐设施，并且提出将现有农家乐改造成特色民宿、精品民宿，部分游客还希望增设高档酒店（图5-3）。

三、建成用地的违法违规情况

依据实地调研和资料分析情况（图5-4），雕窝村合

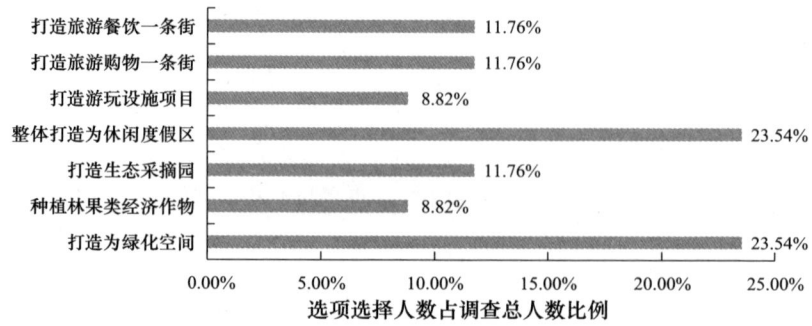

图 5-2 雕窝村村民的发展意愿与需求
（源自：笔者根据雕窝村调研数据绘制）

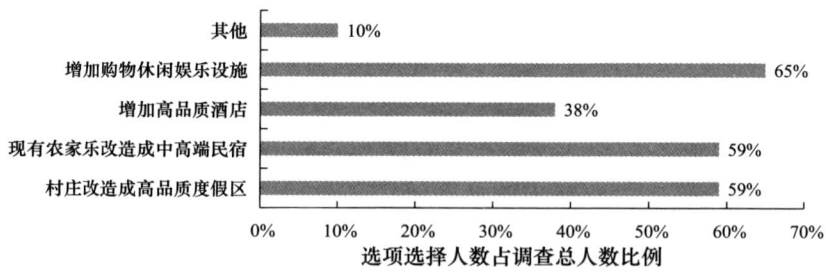

图 5-3 游客期望雕窝村未来发展意愿
（源自：笔者根据雕窝村调研数据绘制）

法的现状建成用地主要有村民宅基地、其他具有土地使用证的集体建设用地以及国有建设用地，共计6.56公顷。其次，现状部分建成用地虽然具有土地使用证，但是缺少建设工程许可证或未按许可内容要求而进行扩建。此外，雕窝村合规的现状城乡建设用地共计2.36公顷，主要是村民住宅、公共服务和基础设施用地；合规的现状特交水建设用地共计3.87公顷，主要是现状停车场用地和景区建设用地；而不符合规划的现状建设用地共计约13.44公顷。

第五章 减量规划驱动下平谷区雕窝村的更新策略

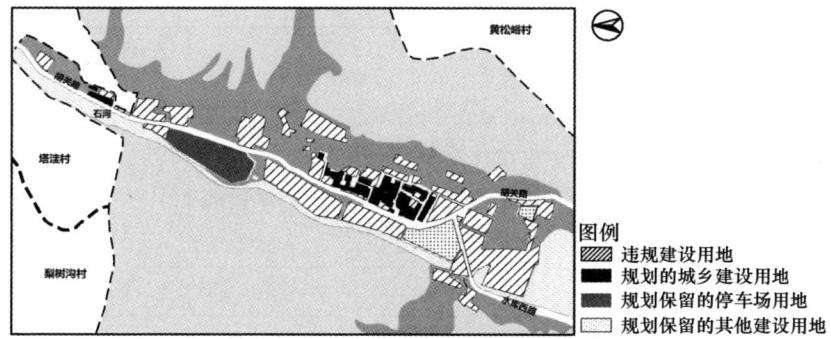

图 5-4 雕窝村现状建设用地违规情况分布
（源自：笔者根据调研情况和村庄规划绘制）

综合上述分析，将违法和违规数据进行比对和叠加，分析出雕窝村现状建成用地的违法违规的总体情况。具体情况如表 5-1，分布情况如图 5-5。

表 5-1 雕窝村建设用地违法违规情况梳理

用地复合属性	违法情况	违规情况	面积（公顷）	共计（公顷）
违法且违规	缺少土地使用证	违反村庄规划	9.14	11.47
	缺少其他许可证		2.13	
	未按许可内容建设		0.20	
违法但合规	缺少土地使用证	/	3.68	3.78
	未按照许可内容进行建设	/	0.10	
合法但违规	/	闲置或低效的建设用地	1.98	1.98
		基本农田保护区、生态保护红线、水域管控蓝线、长城文物保护范围等刚性管控范围内村庄建设用地		

89

续表

用地复合属性	违法情况	违规情况	面积（公顷）	共计（公顷）
合法但违规	/	零散居民点	1.98	1.98
		其他不符合村庄规划的建设用地		
合法合规	/		2.45	2.45
合法合规但违反政策建议	合法合规，但户均宅基地过大（五分地共有11户）		0.37	0.37
其他	合法合规但房屋质量较差		0.14	0.14

源自：笔者根据调研数据和相关文件整理绘制。

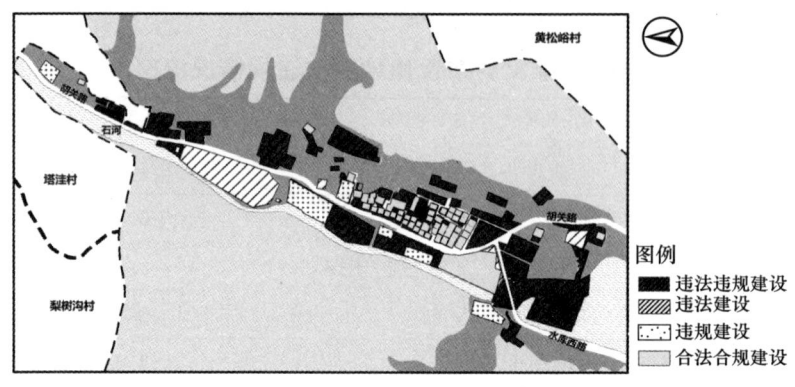

图 5-5　雕窝村建设用地违法违规情况整合

（源自：笔者绘制）

四、减量实施的路径与办法

依据雕窝村现状建成用地分析、使用状态、建筑质量等因素，结合规划目标和减量要求，雕窝村减量实施可分刚性减量和弹性减量两条路径及其四种办法，实现

第五章 减量规划驱动下平谷区雕窝村的更新策略

建设用地减量 13.12 公顷，基本达成《平谷区黄松峪乡雕窝村村庄建设发展规划（2019 年—2035 年）》中减量 13.44 公顷的要求，具体如下：

（1）刚性减量。在现实中，雕窝村需实施刚性减量的共计 4 种情况，累计 9.4 公顷（表 5-2 和图 5-6）。其中合法部分的 0.38 公顷用地，需要根据《平谷区集体土地上住宅房屋拆迁补偿安置指导意见》予以相应赔偿。

表 5-2 雕窝村建设用地减量情况分类与规模统计

减量分类	用地属性的具体情况	现状使用情况	房屋质量	涉及面积（公顷）
刚性减量	缺少土地使用证且违反村庄规划	重大旅游设施或效益较好的旅游产业用地情况除外		8.84
	缺少其他相关证件或未按照许可内容建设	闲置	/	0.18
	闲置建设用地	/	/	0.2
	危房、临建所在地	/	四类	0.18
弹性减量（可根据实际情况实施）	无土地使用证且违反村庄规划	重要景区设施用地		0.3
	无土地使用证但符合村庄规划	正在使用	/	3.68
	有土地使用证，但缺少其他许可证件或未按照许可内容建设	正在使用	一、二、三类	2.25
	低效、占压管控线、零散居民点、其他不符合村庄规划图的建设用地			1.78
	户均宅基地过大	/	/	0.37

源自：笔者绘制。

减量规划驱动下京郊旅游型村庄更新策略研究

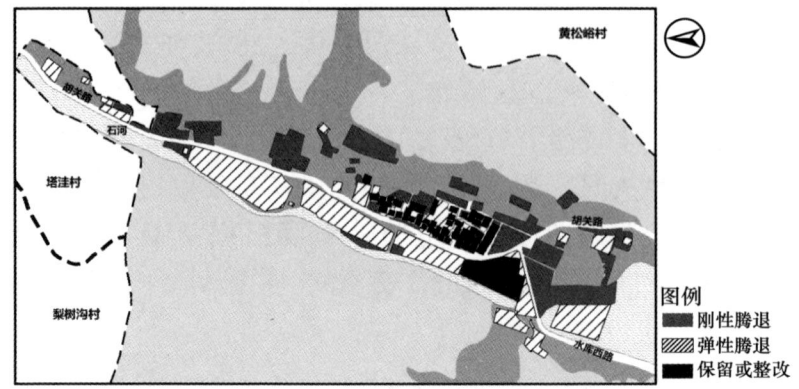

图 5-6 雕窝村用地减量建议实施分类

（源自：笔者绘制）

（2）规划用地类型转换，实现指标减量。雕窝村旅游景区设施现状占地 1.72 公顷，其中 1.22 公顷为完全合法合规用地，通过转特交水建设用地实现城乡建设用地指标减量 0.5 公顷。现状雕窝村北侧约 2.3 公顷的停车场用地可通过转为特交水建设用地，仍继续作为停车场使用，可实现城乡建设用地的指标减量。

（3）赋权，实现部分现状用地的实际减量。通过允许补办手续等方式解决合法合规方面的一些瑕疵，实现现状建成用地的实际减量，包括违法但合规的 1.18 公顷用于居住和旅游功能的用地可实现减量面积 0.5 公顷；违规建设的"画家院"可实现减量用地面积约 1.12 公顷；一些低效建设用地、占压管控线、零散居民点和其他不符合村庄规划图的建设用地可实现减量用地面积约 1.0 公顷。

（4）以量减量、以奖促减，实现超额超标宅基地的大规模减量。根据雕窝村宅基地统计数据，五分地（占地面积约 334 平方米）的村户占比达到 20%，全村平均每户占地面积225平方米,远超平谷区对于宅基地每户不超过173平方米的规定。按照每户120～150平方米的标准进行统一更新改造,可减量建设用地约0.6公顷,减量部分作为村民入股分红的条件。

第二节 建设用地的规划优化

由于减量后建成用地分布较为散乱,减量实施之后在村庄内部形成大量"空地",并且减量之后,村庄剩余城乡建设用地指标仅有3.04公顷,并不利于村庄功能布局、空间环境和旅游产业的发展。同时,基于调研,有大约80%的住户支持宅基地改造。因此,在现状用地减量实施时,对雕窝村建设用地规划进行优化,进一步推动建设用地需求匹配、存量盘活与更新以及总体布局,带动旅游产业的升级、物质空间的改造。

一、规划指标调节

(1)城乡建设用地:通过减量、需求、更新等综合测算,雕窝村合理的城乡建设用地面积约6.34公顷(表5-3)。其中,按照雕窝村户数、常住人口和北京市乡村规划建设的相关条例标准,规划应保留村民住宅、公共服务以及基础设施用地约1.45公顷,可渐进式地更新成为特色民居,鼓励有农家乐经营意愿的住户自主经营,保留提升位于村庄的公共服务设施用地;其余建设用地则为集体经营性建设用地,可作为旅游功能相关的用地,共计3.72公顷,占村庄建设用地59%。保留、改造和提升三处艺术家画院的国有建设用地共计1.13公顷(图5-7)。

表 5-3 减量实施后雕窝村规划主要建设用地的配置

用地分类 1	用地分类 2	用地名称	用地面积（公顷）	合计（公顷）
城乡建设用地	村庄集体建设用地	村民住宅用地	0.75	6.34
		村庄公共服务用地	0.20	
		村庄基础设施用地	0.54	
		旅游产业用地	3.72	
	国有建设用地	文化艺术用地	1.13	
特交水建设用地		石林峡景区服务设施用地	1.72	11.51（村庄规划给定的特交水建设用地指标）
		停车场用地	2.30	
		其他区域交通用地（属区域协调交通用地，暂不纳入村庄建设考虑中）	7.49	

源自：笔者根据《北京市村庄规划导则》和相关建设标准绘制。

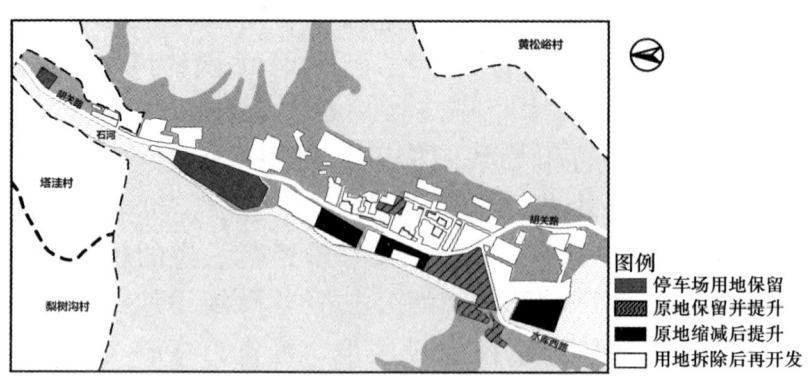

图 5-7 雕窝村用地建议改造情况分布
（源自：笔者绘制）

（2）特交水建设用地：规划共计11.56公顷，其中1.72公顷的石林峡景区建设用地和保留现状的2.3公顷的公共停车场用地，可为未来村庄旅游发展服务。

（3）旅游功能性用地：为确保雕窝村乡村旅游业的持续发展，在用地规划中采用"增"的策略，保障雕窝村旅游功能性用地。具体如下：

①根据预留可建设用地指标的相关政策文件，雕窝村可预留5%的可建设用地指标，约1公顷。

②根据《文化和旅游部 教育部 自然资源部 农业农村部 乡村振兴局 国家开发银行关于推动文化产业赋能乡村振兴的意见》（文旅产业发〔2022〕33号），鼓励有条件的地方将文化和旅游用地纳入国土空间规划和年度用地计划。再结合乡域内部指标平衡机制策略，雕窝村作为乡里旅游重点，旅游资源优势显著且旅游产业是村民主要生计来源，在现有建设用地指标较为紧张的情况下，可向乡政府申请利用部分乡域规划预留的建设用地指标，由乡里进行评估，预计可以申请约1公顷，未来村庄发展获利后要给予乡政府一定比例的利益回馈。

③雕窝村实现了较多的减量指标，以"拆多占少"方式给予雕窝村一定的奖励指标，《北京市平谷区黄松峪乡国土空间规划（2019年—2035年）》（初稿）中建议乡域总体拆占比为10∶1，考虑到已申请预留用地，建议雕窝村旅游的减量奖励指标按照平均标准，约为1.3公顷。

二、规划功能布局

依据规划指标，雕窝村未来用地功能布局进行调整，形成"一轴、三片区、多点"的用地功能结构（图5-8）。其中"一轴"是以村庄与外界主要通行的道路（胡关路）为主要旅游发展轴，并以道路两侧的既有资源为依托，道路西侧的景区、画家院、水系可以构成村庄的风景观光和文化体验区域。道路东侧的既有建设基础可以作为民生和旅游服务的区域，并根据沿线的自然生态环境来确定旅游产业的布局，其余片区均为雕窝村自然生态区。

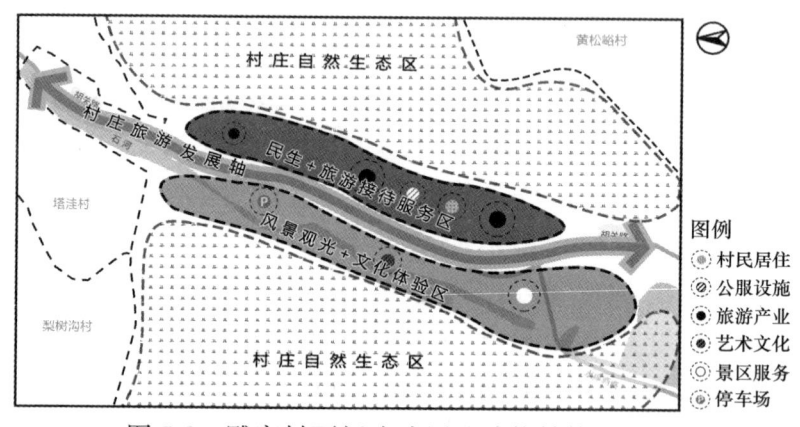

图 5-8　雕窝村更新改造用地功能结构和布局

（源自：笔者绘制）

第三节　旅游产业的提质升级

一、旅游定位：中高端休闲度假村，满足多人群旅游需求

雕窝村自然资源和文化资源丰富，旅游发展的受众群体较广，根据笔者在雕窝村驻扎调研观察和访谈记录（图 5-9），雕窝村的旅游人群及其需求主要有：①休闲观光度假人群来此游玩；②热爱绘画的文艺青年来画家院学习；③影视作者和摄影爱好者来此取景；④北京市区

家庭和学校来此进行科普教育活动；⑤京内退休老人来此康养。这些人群为村庄提供了较多旅游接待的服务机会，当地村民也愿意利用自家住宅发展旅游服务。

因此，未来雕窝村将以山水休闲与中高端度假为导向，发展中高档民宿、娱乐购物、休闲游憩场所、文化创作基地。通过改善服务环境、提高专业化服务水平等方法促进旅游产业的发展。

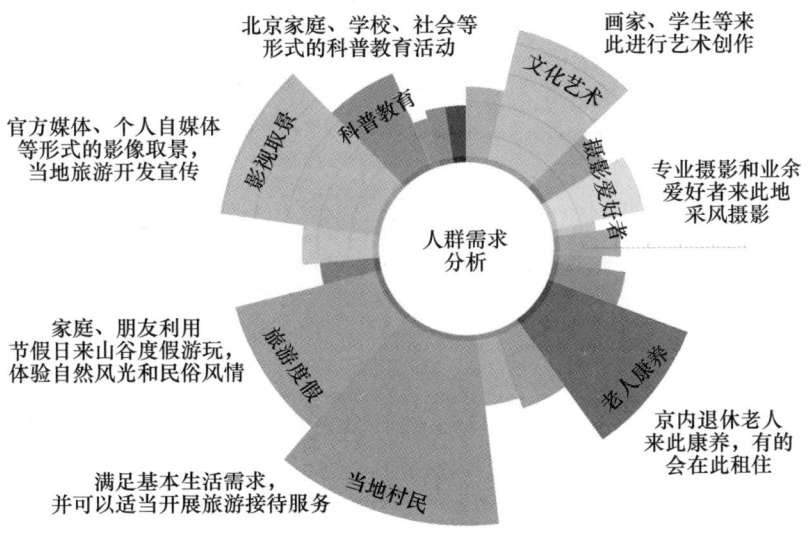

图 5-9　雕窝村旅游人群需求分析
（源自：笔者绘制）

此外，未来村庄的旅游产业发展主要由乡（镇）政府进行引导，村集体与旅游企业进行合作，村民入股，对村庄旅游资源和设施进行整体开发，有就业意愿的村民可优先作为后期旅游运行的工作人员。

二、旅游业态：发展效益高、趣味性强的旅游业态

雕窝村向中高端旅游度假村模式转变，需要对现有

旅游资源进行盘活，打造更具吸引力的旅游品牌。对于村庄的各类建设用地需要在减量完成后进行针对性改造，置入不同的业态，具体改造意向如表 5-4 所示。

表 5-4　雕窝村旅游业态布局

用地性质		旅游改造意向
建设用地	村民宅基地	集中布置，二层小院，适宜村民居住和自主经营旅游
	其他集体建设用地	中档民宿、高档民宿、餐饮购物场所，再增加一个小型游客服务中心
	国有建设用地	画家院，和一些艺术高校、中小学建立合作关系
	特交水建设用地	与旅游相关主要是景区设施和停车场，保留现状进行改造升级，在可建设范围内创新游玩设施吸引游客
非建设用地		靠近河岸的，营造亲水性休闲娱乐景观；风景较好并处于安全地段的，打造森林氧吧、房车旅行、帐篷酒店等非长久性建设活动区域

源自：笔者绘制。

三、规模和布局：以需定供，以既有资源定布局

依据前期问卷数据以及乡域内未来游客规模测算，并结合《风景名胜区详细规划标准》（GB/T 51294—2018）、《旅游民宿基本要求与评价》（LB/T 065—2019）和《文化和旅游部 公安部 自然资源部 生态环境部 国家卫生健康委 应急管理部 市场监管总局 银保监会 国家文物局 国家乡村振兴局关于促进乡村民宿高质量发展的指导意见》（文旅市场发〔2022〕77 号）等相关标准与指导

第五章 减量规划驱动下平谷区雕窝村的更新策略

性意见，对雕窝村 3.72 公顷的旅游产业用地作出如下划分（表 5-5）。

表 5-5 雕窝村旅游产业用地划分

旅游项目	数量	占地面积（公顷）	用途
小型游客服务中心	1处	0.03	信息咨询、讲解、陈列、文化活动举办等
精品民宿	40家（约300间）	1.50	舒适氛围的住宿服务，可以体验乡野趣味，主要面向中高端人群
高档酒店	1处（约20间）	0.50	主打山水间的高端奢华体验，可住宿、餐饮、会议等，面向高端消费群体
旅馆酒店	1处（50间）	0.30	快捷化住宿服务，主要面向短暂停留、生活节奏快的客群
餐饮服务	1处	0.26	当地特色饮食
乡村集市	1处（约70个摊位）	0.10	为村民卖农产品提供渠道，也为游客购物提供去处
其他旅游相关设施	/	0.30	保障村庄旅游的平稳运行
远期预留	/	0.73	根据村庄后续发展可做调整

源自：笔者绘制。

村庄的旅游服务场所有画家院和石林峡景区服务设施，可以为游客提供艺术和游玩体验。对于村民住宅用地，也可由村民自主发展旅游接待业务，可发展的业态主要是乡野民俗体验式民宿。根据雕窝村旅游资源的既有情况，靠近景区地段人流量大，可发展餐饮、购物等形式业态。画家院附近沿河地段生态环境较好，经常有散客在此游憩，但目前尚未被利用且周围违规建筑拆除后可利用性更大，未来可以发展亲水性景观旅游。此外，对于村庄北侧停车场用地，现阶段停车率较低（低于10%），并且停车场用地濒临山水资源，未来可利用部分闲置用地发展房车营地业态。在停车场对面的地段，风景资源较好，违建拆除后可用以发展高档民宿酒店，靠近居民生活区的地段可以打造精品民宿。具体排布位置如图5-10所示。

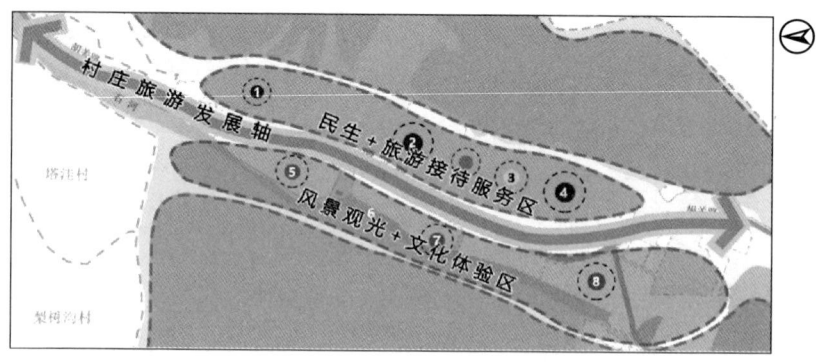

图5-10 雕窝村旅游设施更新改造位置与示意
（源自：笔者绘制）
1—高端酒店；2—精品民宿；3—村民庭院；4—购物餐饮；
5—房车营地；6—亲水景观；7—画院；8—景区服务

第四节 物质空间的改造新建

一、村民住宅：优化质量和布局

现状雕窝村有近80%的村民支持宅基地改造提升，

希望统一改造后能够改善目前居住环境。在同意宅基地改造的居民之中（图5-11），对于未来住房特点期待的先后排序为：有院子＞建筑面积＞位置＞补偿金＞楼层＞配套设施；大约70%的村民希望新住宅选址仍位于本村，并且选择新建联排别墅，置换村民现有宅基地。

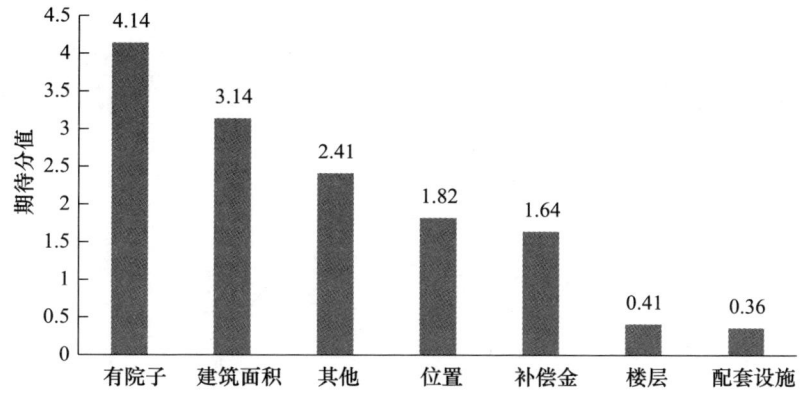

图5-11 雕窝村村民对宅基地改造侧重点排序
（源自：笔者根据调研数据绘制）

注：根据问卷调查获取数据，以5分制进行打分，从大到小代表改造期望程度从高到低，统计村民对改造期望程度打分的分数总和，取总和的平均值得到最终期待分值。

因此，村民住宅更新改造的侧重点在于减小面宽、加大进深和提高容积率，既可以改善村民住宅条件又可以实现部分宅基地减量。建筑风格、色彩、材质等要延续传统北方村庄的整体风貌，采用新中式建筑风格，适当呼应村庄山水元素特色，屋顶以灰褐色坡屋顶为主。对村民住宅的改造可以使得从风格杂乱、大面积、低质量农家院转变为统一、占地面积较小、容积率较大的联排别墅住宅（图5-12）。原来户均占地225平方米、建筑面积约180平方米的宅基地改造为统一搭建的联排农家别墅，新住宅占地面积约 120 平方米，建筑面积仍保持与原来一致，并在村庄中进行统一布局（图 5-13）。

(a) 现状住宅排布（源自：平谷新闻）　　(b) 现状住宅立面（源自：笔者拍摄）

图 5-12　雕窝村现状住宅单体

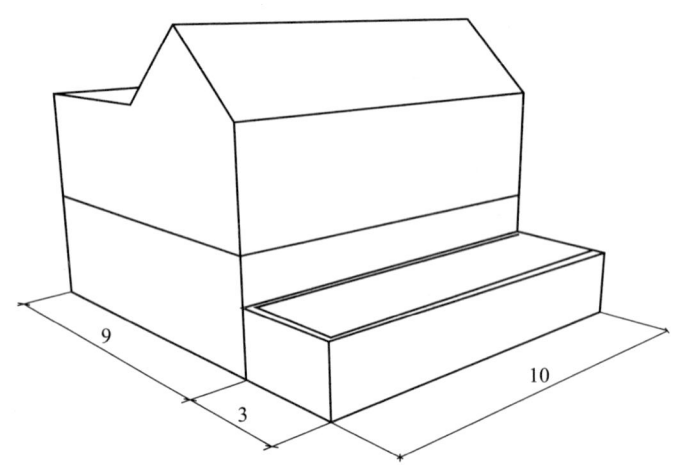

图 5-13　雕窝村住宅更新改造示意（单位：米）

（源自：笔者绘制）

二、设施：提高服务标准与水平

1. 公共服务设施

整合雕窝村的行政类和福利类设施，即村委会、医务室和老年人食堂，将三者在空间上结合起来，在保障其建筑面积的前提下，通过增加层数达到减少占地面积的目标（图5-14）。复合空间可以同时满足用户的使用要求，对于有些设施空间还可以复合利用，比如老年人食堂可以在就餐时间满足相关人群用餐需要，在非就餐时间还可以用以举办文化娱乐或村民大会等活动。

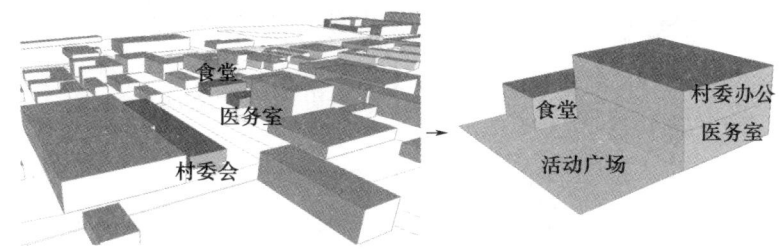

图 5-14　雕窝村公共服务设施复合设置
（源自：笔者绘制）

2. 道路设施

针对雕窝村存在的道路路面坑洼、街巷道路两侧几乎无绿化的问题，需要对道路重新进行铺装改进，并且较宽的车行道两侧种植绿化树木，人行道两侧种植低矮灌木丛和花卉（图5-15）。通过更新改造，既可以美化村庄环境，给村民和游客以舒适体验，又可以有利于雨水排放保障村庄安全，增加村庄韧性，提高应对极端天气的能力。

(a) 村庄道路改造前 (源自：笔者拍摄)　　(b) 村庄道路改造后 (源自：笔者绘制)

(c) 村内巷子道改造前(源自：笔者拍摄)　　(d) 村内巷子道改造后 (源自：笔者绘制)

图 5-15　雕窝村道路设施更新改造意向

3. 旅游接待服务设施

对于村庄旅游服务设施，需要整体向中高端旅游发展目标转变。雕窝村主要以民宿改造为主，更新改造过程中除了外观上需要从低端农家乐转变为中高端的精品民宿外，内部设施也需要提升为高级舒适类型，旨在为游客提高品质体验，提高重游率，增加旅游效益。

三、公共空间：激发活力

在村庄广场、街巷等人群集中的公共空间设置景观绿化、座椅、墙绘等内容，将雕窝村旅游元素（景区、森林、水）进行串联，提升街巷空间的美观度，激活空间活力（图 5-16）。在满足村民日常生活、健身、游憩的需求外，给游客也提供丰富的休闲度假体验，提升村庄活力和旅游品质。

(a) 更新改造前 (源自：笔者拍摄)　　(b) 更新改造后 (源自：笔者绘制)

图 5-16　雕窝村街巷空间更新改造前后对比

第五章　减量规划驱动下平谷区雕窝村的更新策略

第五节　相关主体的利益关系及其平衡

减量规划的实施导致村庄建设用地变得紧缺，需要对土地资源产生的利益进行二次分配，实现政府引导、村集体与企业合作、村民积极参与的组织结构，尤其是通过一些支持旅游发展的政策，适当返还或增加部分可建设用地，并将增加的建设用地指标纳入村集体所有。由此，以雕窝村减量之后的建设用地为基础，建立各个主体的利益平衡关系。具体如图 5-17 所示。

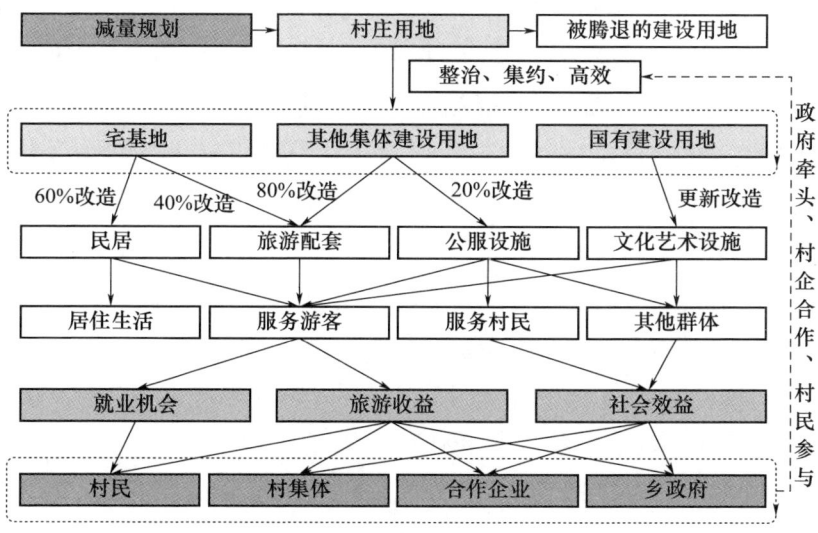

图 5-17　雕窝村减量实施各个主体利益结构关系
（源自：笔者绘制）

（1）雕窝村村民：减量规划实施和村宅统一更新改造使得宅基地面积缩小，60%的宅基地用以新住宅建设指标，40%的宅基地作为村民参与发展旅游的集体股份权，并赋予村民新住宅的经营权，可用以发展乡村精品

105

民宿。在该过程中，村民损失了宅基地的既有面积、支出部分资金，但是获得了更好的居住生活环境、提高了农家乐经营档次（转变精品民宿），并且减少的宅基地指标作为未来入股分红条件，通过对既往超额且被固化的宅基地指标的盘活，实现了生活条件的改善和旅游收益份额的增加。

（2）雕窝村村民集体经济组织：在减量过程中村集体将损失部分建设用地指标，以及减量过程在短期内会导致旅游产业下滑从而使得村庄失去部分经济来源。但是将违法违规以及低效闲置的建设用地进行减量，让村庄获得更好的发展秩序和潜力。同时，减量的实施带给的奖励以及政策的支持，可以让村庄获得部分合法建设用地指标用以发展旅游，相对减量前以村庄个体经济为主的局面，村集体可以获得更具集体性的经营建设用地，旅游升级后会促进村庄公共积累，集体利益可以得到更好的实现。

（3）黄松峪乡人民政府：在前期减量过程中，实施所需成本较多，更新改造后，雕窝村旅游效益会给予黄松峪乡人民政府更为可观的经营性用地收益，并改善未来黄松峪乡人民政府的发展环境。

（4）企业是雕窝村更新改造的重要资金来源，需要承担村民的安置改造以及旅游项目建设成本，但是远期村庄高质量旅游发展会给企业带来可观的效益（表5-6）。

表5-6 雕窝村利益主体平衡模式

主体	付出	收益
雕窝村村民集体经济组织	宅基地面积减少、部分资金投资投入	较好的居住生活环境、经营档次提高、减少的指标未来入股分红

第五章　减量规划驱动下平谷区雕窝村的更新策略

续表

主体	付出	收益
雕窝村村民集体经济组织	建设用地减少，部分改造资金投入	更具集体性的经营建设用地，旅游升级后会有更多的公共积累
黄松峪乡人民政府	减量规划的实施组织以及成本投入	经营性建设用地税收、未来发展环境改善、治理成本降低
企业	村民的安置投入、旅游项目的投入资金	远期可观的中高端旅游发展效益

源自：笔者根据调研资料梳理。

依据《平谷区集体土地上住宅房屋拆迁补偿安置指导意见》、《北京市住房和城乡建设委员会关于调整本市房屋重置成新价评估技术标准发布机制有关工作的通知》（京建法〔2016〕10号）》等文件进行测算，雕窝村减量实施估算总计需要花费近2亿元。基于上述利益结构关系，相关主体资金投入如下（表5-7）：①企业承担80%，主要用于旅游开发和部分宅基地改造支持；②政府承担16%，主要包括拆迁和居民安顿；③村集体和村民承担4%，用于部分居民宅基地改造费用以及入股分红的投资。另一方面，根据旅游型村庄更新改造效益分析，度假型旅游村庄更新改造完成后预计三年内平均税后年收入为4000～5000万元，三年后税后年收入可达6000～8000万元，4～5年可以实现正向盈利。因此，对于雕窝村而言，旅游收入将会有较大的产出预期，未来村庄旅游发展的部分收益将回馈于村集体和村民，壮大村集体经济，以促进村庄的公共服务、养老设施的发展，从而形成在经济和财务上的良性循环，实现减量规划的社会、经济和生态效益。

表 5-7 雕窝村更新改造资金测算表

类别	项目	所需资金（万元）
补偿费用	集体土地上非住宅拆迁补偿	10000
	宅基地区位补偿价	990
	装修及附属物补偿	562
	停产停业损失补偿费	209
安置费用	其他安置费（补助费、临时安置费等）	118
新建费用	住宅新建成本	1361
	小型旅游服务中心	500
	高档酒店民宿	3000
	精品民宿	1200
	其他餐饮类	300
	其他设施建设	800
	总计	19040

源自：笔者根据现状和相关标准估算绘制。

第六章 结论与思考

依托责任规划师制度平台，通过对北京市多个旅游型村庄的观察和调研，以及3年多来对平谷区黄松峪乡减量实施工作的深入参与，深感基层减量规划实施工作的不易和束缚，因此将一些不成熟的观点和思考融合在本次研究工作之中，以供学界批评指正。

回顾整个研究工作，并横向比较公开的学术资料，本工作具有一些创新性。第一，在理念和学术层面辨析了减量对于基层乡村、旅游型村庄规划、发展的重大价值和积极意义；第二，在技术层面系统地提出了旅游型村庄减量实施分析评价、路径和策略体系，尤其是从建设用地、物质环境、旅游发展、利益结构四位一体建构减量实施框架；第三，以雕窝村这个比较具有代表性的京郊旅游型乡村为例，在规划层面对上述框架进行了应用和检验，获得了一定的可行性支撑。

由于本次工作是基于个体案例和普遍经验的分析，在一些方面存在着客观上的不足，例如定量数据和模型工作涉及较少，无法穷尽旅游型村庄的各类特殊问题，旅游型村庄旅游产业发展与物质环境改造的细节深入研究较薄弱，希望后续研究可以进一步深化，同时基于对雕窝村的后续关注和研究，进一步修正、完善本次研究工作。

作为本书的研究结论，在规划技术工作之外，仍有以下几点关于减量实施工作的感悟以飨读者。

（1）北京市的旅游型村庄在产业、用地、物质空间和利益结构等方面面临着多方面的挑战，既有的增量发展模式在减量实施的背景下难以为继。减量是一次实现旅游型村庄高质量发展的机遇，更是一种高质量发展的动力和手段。

（2）对于实施工作的整体而言，减量的关键在于必须在实施过程中创造并运用规划或非规划的多种工具实现旅游型村庄发展振兴的综合目标、实现村民等多元主体的利益诉求，而非建设用地规划指标的硬性削减和简单分配。

（3）对于具体村庄个体而言，减量意味着特定主体的既得利益和潜在利益的损失，以及减量实施之后效益和收益的不确定。这是对传统乡村规划工作的挑战，不仅要求具有更加精细化、更加整合性的策略，而且必须建立在社会、经济、生态合理性基础之上。

（4）减量"牵一发而动全身"。减量规划实施的成功不仅在于"减"的操作和"量"的把握，更在于实现村庄整体利益和各个主体相应利益的"增量"。因此，在这一"此消彼长"的过程中，对于村庄、村集体以及具体减量相对应主体而言，必须锁定"增"的领域、拓展"增"的规模、确保"增"的实现。

参考文献

[1] 张慧光. 北京市乡村旅游发展模式研究 [N]. 中国旅游报, 2009-02-25 (8).

[2] 徐勤政. 集体建设用地存量的形成与消纳：北京市集体建设用地规划实施研究中的思考 [C] //中国城市规划学会. 新常态：传承与变革：2015 中国城市规划年会论文集 (11 规划实施与管理). 北京：中国建筑工业出版社，2015：264-279.

[3] 陈思淇，王宏达，刘丽丽. 北京浅山区乡村规划中"留白增绿"策略研究 [J]. 北京规划建设, 2019 (2)：92-96.

[4] 刘禹希. 城乡统筹视野下北京郊区村庄规划发展研究 [D]. 北京：清华大学，2015.

[5] 邵艳丽，赵弈，郝萱. 转变违法建设治理理念构建综合治理长效机制 [J]. 小城镇建设, 2016 (1)：72-76.

[6] NILSSON P Å. Staying on farms: An ideological background [J]. Annals of Tourism Research, 2002, 29 (1)：7-24.

[7] BROWN F, Hall D. Tourism in peripheral areas [J]. Clevedon: Channel View, 2000：99-100.

[8] 李晓莉，杨林美，麦振雄. 乡村旅游可持续发展的动力机制：法国经验与启示 [J]. 旅游论坛, 2018, 11 (6)：61-70.

[9] 陈雪钧. 国外乡村旅游创新发展的成功经验与借鉴 [J]. 重庆交通大学学报（社会科学版），2012, 12 (5)：56-59.

[10] CHIN C H, LO M C. Rural tourism quality of services: Fundamental contributive factors from tourists' perceptions [J]. Asia Pacific Journal of Tourism Research, 2017, 22 (4)：465-479.

[11] 王燨, 房建恩. 乡村旅游产品同质化问题分析及对策研究 [J]. 江苏农业科学, 2020, 48 (2): 14-19.

[12] 林源源. 国外农业旅游的运行经验及启示 [J]. 农业经济问题, 2009, 30 (12): 101-103.

[13] FOURNIER L. Mise en tourisme des produits du terroir, événements festifs et mutations du patrimoine ethnologique en Provence (France) [J]. Ethnologies, 2010, 32 (2): 103-144.

[14] 郭王骁潇, 田淑敏, 邓蓉. 发达国家农村区域规划的经验与启示 [J]. 经济师, 2017 (2): 107-108.

[15] REID D G, MAIR H, GEORGE W. Community Tourism Planning: A self-assessment instrument [J]. Annals of Tourism Research, 2004, 31 (3): 623-639.

[16] DUK-BYEONG PARK, KWANG-WOO LEE, HYUN-SUK CHOI, et al. Factors influencing social capital in rural tourism communities in South Korea [J]. Tourism Management, 2012, 33 (6): 1511-1520.

[17] CAI L A. Cooperative branding for rural destinations [J]. Annals of Tourism Research, 2002, 29 (3): 720-742.

[18] THOMAS STREIFENEDER. Agriculture first: Assessing European policies and scientific typologies to define authentic agritourism and differentiate it from countryside tourism [J]. Tourism Management Perspectives, 2016, 20: 251-264.

[19] 李宪宝, 张思蒙. 我国乡村旅游及其发展模式分析 [J]. 青岛科技大学学报（社会科学版）, 2018, 34 (1): 49-54, 64.

[20] 罗斌. 我国乡村旅游发展模式研究 [J]. 中国市场, 2021 (16): 33-36, 39.

[21] 孙珠颖. 休闲旅游型乡村整合更新设计策略初探：以重庆南川区天池村为例 [D]. 重庆：重庆大学, 2014.

[22] 丁凯. 基于旅游开发的乡村聚落更新改造研究：以皖西地区为例 [D]. 合肥：合肥工业大学, 2015.

参考文献

[23] 张小东. 生态旅游型村庄开发路径与保护对策研究：以安徽省无为县万年台村为例［D］. 合肥：安徽建筑大学，2015.

[24] 孙培真，崔曦."小景点密集化"旅游发展策略：北京昌平居庸关村美丽乡村规划项目［J］. 北京规划建设，2021（2）：21-28.

[25] 郭秋萌. 旅游开发导向下的北京浅山区乡村规划策略研究［D］. 北京：北京建筑大学，2018.

[26] 黄小蕾. 基于山东传统民居改造的乡村旅游民宿设计研究［J］. 艺术与设计（理论），2019，2（11）：56-58.

[27] 张幸怡. 传播学视域下的乡村旅游建筑改造设计研究：以九华茶坊民宿改造为例［D］. 南京：东南大学，2019.

[28] 孙铁映. 乡村旅游背景下的东北民宿改造设计研究［D］. 沈阳：沈阳建筑大学，2019.

[29] 关范严. 乡村旅游背景下岭南民居改造设计研究：以广东江门市良溪村为例［D］. 广州：广东工业大学，2020.

[30] 苏彤彤. 乡村振兴背景下旅游村卫生室的改造思路：以北京延庆区柳沟村为例［J］. 中国医院建筑与装备，2021，22（2）：50-52.

[31] 李佳伟，李政. 北京乡村文化旅游产业发展现状与规划：以清水镇江水河村为例［J］. 智能建筑与智慧城市，2021（5）：61-62.

[32] 何雅婷. 基于乡村旅游的山地村镇改造研究：以重庆市近郊为例［D］. 重庆：重庆大学，2009.

[33] 王思奇. 乡村旅游背景下凌源市传统村落功能更新和改造设计研究［D］. 沈阳：沈阳建筑大学，2020.

[34] 尚芳. 浅谈北京延庆双营村保护与开发策略：以中意联合设计工作营实践为例［C］//中国城市规划学会. 多元与包容：2012城市发展与规划大会论文集. 昆明：云南科技出版社，2014：1-8.

[35] 吴捷. 旅游开发视角下的乡土建筑保护与更新设计策略研究：

以合院式乡土建筑为例[D]. 大连：大连理工大学，2019.

[36] 赵祯. 全域旅游背景下岚皋县永爱村乡村景观的改造和提升研究[D]. 西安：西安建筑科技大学，2019.

[37] 金川. 上海乡村旅游业市场结构及优化配置研究[D]. 上海：华东师范大学，2019.

[38] 沈晨仕. 杭州都市圈乡村旅游业转型升级发展对策研究[J]. 北方经贸，2015（5）：282-284.

[39] 刘松鹃. "田园综合体"模式下苏南休闲旅游型乡村转型发展研究[D]. 苏州：苏州科技大学，2018.

[40] 王国华. 北京郊区乡村旅游产业转型升级的路径与方法[J]. 北京联合大学学报（人文社会科学版），2013，11（4）：28-35.

[41] 李弄楠. 从可持续的视角下探讨乡村旅游业的转型与升级：以内蒙古阿巴嘎旗为例[J]. 农村经济与科技，2022，33（4）：82-84.

[42] 尹长丰. 乡村振兴战略下环巢湖乡村旅游转型升级研究[J]. 广西师范学院学报（哲学社会科学版），2019，40（4）：85-89.

[43] 向富华. 乡村旅游开发：城镇化背景下"乡村振兴"的战略选择[J]. 旅游学刊，2018，33（7）：16-17.

[44] 屈学书，矫丽会. 乡村振兴背景下乡村旅游产业升级路径研究[J]. 经济问题，2020（12）：108-113.

[45] 旷颉，张学勇. 北京门头沟小龙门村：实用性村庄规划下乡村旅游发展模式[J]. 北京规划建设，2021（2）：49-56.

[46] 颜文华. 休闲农业与乡村旅游驱动乡村振兴的海外经验借鉴[J]. 中国农业资源与区划，2018，39（11）：200-204，224.

[47] 邓琳琳. 乡村旅游发展中政府公共管理机制研究[D]. 长沙：湖南大学，2011.

[48] 许新宇，许书凝，李杰，等. 城乡统筹背景下县域乡村建设规划编制思考：以山东省临沂市乡村建设规划实践为例[J]. 小城镇建设，2017（12）：24-30.

[49] 仲美学. 利益主体视角下旅游导向的风景区村落规划研究[D]. 南京：东南大学，2015.

[50] RINK, D. Wilderness: The Nature of Urban Shrinkage? The Debate on Urban Restructuring and Restoration in Eastern Germany [J]. Nature and Culture, 2009, 4（3）：275-292.

[51] 仇保兴，邓羽. "减量发展"：首都开启高质量发展的新航标[N]. 北京日报，2018-05-28（14）.

[52] DANIELS T. Smart Growth: A New American Approach to Regional Planning [J]. Planning Practice and Research, 2001, 16（3/4）：271-279.

[53] GALSTER G, HANSON R, RATCLIFFE M R, et al. Wrestling sprawl to the ground: defining and measuring an elusive concept [J]. Housing Policy Debate, 2001, 12（4）：681-717.

[54] 张杨，刘慧敏，吴康，等. 减量视角下北京与上海的城市总规对比[J]. 西部人居环境学刊，2018, 33（3）：9-12.

[55] 刘雁琪. 减量发展框架下的北京文化旅游优势产业发展路径研究[J]. 时代经贸，2020（4）：40-51.

[56] 张帆，史曼菲. 减量规划视角下衰落型村庄发展策略[J]. 中国名城，2016（12）：20-24.

[57] 施卫良. 规划编制要实现从增量到存量与减量规划的转型[J]. 城市规划，2014, 38（11）：21-22.

[58] 陈宏胜，王兴平，国子健. 规划的流变：对增量规划、存量规划、减量规划的思考[J]. 现代城市研究，2015（9）：50-54.

[59] 陈思，王梅. 城市建设用地减量化研究综述[J]. 中国国土资源经济，2022, 35（1）：71-78.

[60] 刘秀琼，黄经南，蒋希冀. 基于减量化背景的上海郊区农居点规划策略研究[J]. 规划师，2021, 37（1）：64-71.

[61] 刘红梅，孟鹏，马克星，等. 经济发达地区建设用地减量化研究：基于"经济新常态下土地利用方式转变与建设用地减

量化研讨会"的思考［J］. 中国土地科学，2015，29（12）：11-17.

［62］朱晓丹. 上海整治低效建设用地的成效分析及展望［J］. 江南论坛，2021（5）：13-14.

［63］安树伟，孙文迁. 北京的减量发展［J］. 前线，2019（1）：68-70.

［64］李强，王子鑫，王弘月，等. 北京市建设用地减量发展的实施路径与模式研究［J］. 地理与地理信息科学，2018，34（5）：86-91.

［65］李海军. 违章建设执行实务［J］. 人民司法，2007，4（7）：97-11.

［66］舒宁. 北京市"减量提质"的大兴对策探索［C］//中国城市规划学会. 持续发展 理性规划：2017中国城市规划年会论文集. 北京：中国建筑工业出版社，2017：161-168.

［67］王珊珊. "减量时代"下对北京市集体建设用地的思考［C］//中国城市规划学会. 规划60年：成就与挑战：2016中国城市规划年会论文集. 北京：中国建筑工业出版社，2016：13.

［68］楼梅竹，张学勇. 北京门头沟下清水村：村庄集体建设用地发展利用模式探索［J］. 北京规划建设，2021（2）：64-70.